AF345140

L'Abbé **NAUDET**

PROFESSEUR AU COLLÈGE LIBRE DES SCIENCES SOCIALES

DIRECTEUR DE LA JUSTICE SOCIALE

La Démocratie
et les Démocrates chrétiens

PARIS

LIBRAIRIE DELHOMME ET BRIGUET

J. BRIGUET, Éditeur

83, RUE DE RENNES, 83

La Démocratie

et les Démocrates chrétiens

a

DU MÊME AUTEUR :

Une Ame de Prêtre, in-8 *(épuisé)*.

Mes Souvenirs, in-12 . . . .   3 50

La Démocratie chrétienne (Discours prononcé à
 Liège), in-12 . . . .   0 25

Vers l'avenir, in-12, 2ᵉ édition *(épuisé)*.

Propriété, Capital et Travail, in-12. . . . . .   3 50

Notre œuvre sociale, in-8 *(épuisé)*.

Premiers principes de Sociologie catholique,
 in-12. . . . .   0 60

Notre Devoir social, in-12 . . . .   3 50

**L'Ordre social moderne et les Principes de
 l'Evangile** *(en préparation)*.

*Tous ces ouvrages se trouvent aux bureaux de la
JUSTICE SOCIALE, 12. rue Littré, Paris.*

L'Abbé NAUDET

PROFESSEUR AU COLLÈGE LIBRE DES SCIENCES SOCIALES

DIRECTEUR DE « LA JUSTICE SOCIALE »

La Démocratie
et les Démocrates chrétiens

LIBRAIRIE DELHOMME & BRIGUET

J. BRIGUET, Éditeur

PARIS | LYON
83, rue de Rennes, 83 | 3, avenue de l'Archevêché, 3

1900

AVANT-PROPOS

Le 8 octobre 1898, dans la basilique de Saint-Pierre, M. Léon Harmel présentait à Léon XIII les ouvriers français venus en pèlerins.

Or, à l'adresse lue par le vénéré patriarche de la Démocratie chrétienne, voici ce que le Pape répondait :

Pour vous, très chers fils, qui êtes la France du travail, vous n'ignorez pas qu'à vous aussi incombent d'importants et graves devoirs, qui intéressent la société tout entière. Et puisque vous venez de faire allusion à la démocratie, voici ce qu'à ce sujet Nous devons vous inculquer.

Si la démocratie s'inspire des enseignements de la raison éclairée par la foi ; si, se tenant en garde contre de fallacieuses et subversives théories, elle accepte avec une religieuse résignation et comme un fait nécessaire, la diversité des classes et des conditions ; si, dans la recherche des solu-

tions possibles aux multiples problèmes sociaux, qui surgissent journellement, elle ne perd un instant de vue les règles de cette charité surhumaine, que Jésus-Christ a déclaré être la note caractéristique des siens ; si, en un mot, la démocratie veut être chrétienne, elle donnera à votre patrie un avenir de paix, de prospérité et de bonheur. Si, au contraire, elle s'abandonne à la révolution et au socialisme ; si, trompée par de folles illusions, elle se livre à des revendications destructives des lois fondamentales sur lesquelles repose tout l'ordre civil, l'effet immédiat sera, pour la classe ouvrière elle-même, la servitude, la misère et la ruine.

Loin de vous, très chers fils, une pareille et aussi sombre perspective. Fidèles à votre baptême, c'est à la lumière de la foi que vous jugez et appréciez les choses de cette vie, vrai pèlerinage du temps à l'éternité !

C'était la première fois que le Vicaire de Jésus-Christ bénissait solennellement la Démocratie chrétienne ; c'était même la première fois qu'il prononçait publiquement ce mot honni encore par beaucoup de catholiques. Et ce ne fut pas une petite surprise pour ces derniers de constater que non seulement le Pape bénissait solennellement et publiquement la démocratie, mais encore qu'après en avoir tracé le magnifique programme, il disait aux démocrates chrétiens venus de France que les idées de ce programme étaient bien leurs idées et que, « fidèles à leur baptême, c'est à la lumière de la foi qu'ils jugeaient et appréciaient les choses de cette vie ».

Ainsi furent signées, le 8 octobre de l'an de grâce 1898, les lettres de noblesse de la Démocratie chrétienne, avant-garde de l'armée catholique, dont les soldats, jaloux de garder leur autonomie et de continuer à suivre leur ligne de conduite, se considèrent comme des pionniers qui, à leurs risques et périls, fraient le chemin.

Vers quelles régions s'oriente ce groupe? en quels points cherche-t-il à prendre contact, sur tous les terrains, avec les écoles diverses qui exercent une influence au milieu de la société? quelles vérités croit-il plus utile d'opposer aux erreurs et aux mensonges contemporains? de quels préjugés essaie-t-il de se défaire? quelles idoles travaille-t-il à démolir? à propos des idées et des faits dont l'opinion s'émeut ou pour lesquels l'opinion se passionne, que pensent ces hommes d'avant-garde? Autant de questions qui se posent, nous le savons, devant nombre d'esprits soucieux des choses du temps.

Ces questions, l'auteur du présent ouvrage n'a pas la prétention de les résoudre toutes: il voudrait cependant indiquer dans quel sens il croit que quelques-unes peuvent être résolues. Mêlé de très près au mouvement démocratique, ouvrier de la première heure, il voudrait, continuant d'apporter sa part de labeur à l'œuvre commune, préparer quelques matériaux dont de plus habiles se serviront pour élever à la Démocratie chrétienne un monument digne d'elle et de ses destinées.

Le sujet est trop vaste pour que ces pages aient pu l'épuiser. Il est des points que nous n'avons pas même effleurés : le pouvoir, la famille, les rapports de l'Église et de l'État, d'autres encore. Mais outre que ces points ont été étudiés plus complètement par les philosophes et les théologiens catholiques, nous nous réservons de leur consacrer un volume spécial.

A chaque jour suffit sa tâche. Fasse le ciel que nous accomplissions toujours fidèlement la nôtre, docile aux enseignements de la Foi, la volonté pleine d'énergie, le cœur plein d'espérance, n'ayant qu'une ambition : avec un dévouement absolu et désintéressé, servir l'Église, servir la France et combattre au premier rang de la bataille, pour le Christ et pour le peuple, dans la vérité, dans la justice et dans la liberté.

CHAPITRE I

Les temps nouveaux

Nous sommes à l'aurore d'un siècle et d'un
âge nouveau.

Et les sentiments sont divers qui agitent nos
âmes, lorsqu'elles méditent sur ce qui s'en va et
sur ce qui approche. Que faut-il penser des

choses que nous laissons derrière ; que trouverons-nous en avant? Notre siècle XIXe est-il un siècle manqué, le XXe siècle sera-t-il un siècle impuissant? Les pessimistes, depuis longtemps, disent oui ; les optimistes — les sages, peut-être — n'hésitent pas à dire non.

Nous sommes avec ces derniers ; il nous semble que le grand soleil illumine déjà les portiques du siècle qui commence, et que les âmes chrétiennes ont le droit de se réjouir. Car le siècle d'hier, malgré ses fautes — il en a commis de graves — lègue un superbe héritage au siècle de demain, quelque chose de plus grand que ses énormes progrès scientifiques, de plus inouï que ses inventions merveilleuses : nous voulons dire le courant de la grande pitié humaine et divine qui a passé sur lui et qui n'est point tari encore, en faveur des malheureux.

Un jour, lorsque le Christ Jésus vivait sur notre terre, s'arrêtant pour prêcher au seuil du temple, à la porte des maisons, dans les rues et les carrefours, des hommes vinrent lui demander des preuves de sa mission. Alors, après avoir énuméré ses miracles : les sourds guéris, les boiteux et les paralytiques redressés, les aveugles devenus clairvoyants, et même les morts arrachés au tombeau, le Maître ajouta, comme miracle plus grand, comme effort suprême de sa puissance : Les pauvres sont évangélisés, et ils entendent la bonne nouvelle, la parole du Père qui est au ciel.

La « bonne nouvelle » descendue du ciel est donc en marche sur notre terre depuis bientôt deux mille ans ; chaque âge ajoute quelque chose à son développement, emprunte à son soleil quelques nouveaux rayons. Surtout depuis le XIIe siècle, surtout depuis cent ans, l'émancipation se fait plus grandiose des frères de l'enfant de Bethléem. Il y a des appels plus forts, des réclamations plus puissantes vers la lumière et la justice envisagées tantôt sous une forme et tantôt sous une autre. Et malgré le tumulte causé par les émeutes, malgré les éclipses qui suivent parfois les révolutions ; dès qu'il y a quelque apaisement du bruit et quelque retour de la lumière, on entend des voix qui disent, on voit des hommes qui vont, répétant : Il faut donner plus de vérité, plus de pain, plus de dignité, plus de liberté aux petits et aux faibles. Et on sent que la masse entière de notre monde se pénètre du sentiment que font naître ces revendications, comme fait l'Orient de lumière quand vient le jour.

Depuis quelques années, les idées, les mœurs, les œuvres, les institutions, les lois, marchent d'un pas plus ferme dans ce sens.

Cela conduit au Christ.

Il y a du mal dans notre siècle, mais on le

voit ; il y a des plaies, mais on les sent ; il y a
surtout un effort généreux de la vie qui frémit,
qui crie, qui se secoue, qui veut guérir et qui le
fait comprendre. quand elle ne peut pas ou ne
sait pas le dire d'une autre manière, par d'étranges
frémissements.

*
* *

Dieu veuille que toutes ces aspirations si belles
se développent dans le calme et dans une normale évolution.

La violence nous a mal réussi jusqu'à ce jour ;
elle a écrasé tant de germes, dispersé et annihilé
tant d'efforts ! Naguère elle rendait possible,
peut-être nécessaire, la dictature de César.

Or nous ne voulons pas de César ; et nous estimons que, pour l'Église, pour la France, pour
nous tous, ce serait un terrible malheur. Et si jamais quelque audacieux voulait jouer ce rôle, qu'il
s'appelât Napoléon ou d'Orléans, qu'il fût ou non
soldat, qu'il vînt d'Angleterre, de Russie, de Belgique, d'au delà des monts ou d'au delà des mers,
nous estimons que les catholiques devraient être
au premier rang de ceux qui se mettraient en travers de sa route. A l'heure actuelle, le meilleur
moyen de servir la cause et de remplir son devoir de bon citoyen, c'est d'écarter César et de

travailler pour la liberté. Certes, autant que quiconque, nous croyons à la nécessité d'un gouvernement fort et d'un pouvoir respecté. Nous
croyons que, chez nous, « l'autorité » s'est trouvée
maintes fois, dans le présent, au-dessous de sa
tâche, et nous sommes disposé à ne lui refuser
aucun des moyens nécessaires pour remplir sa
mission. Mais de là à nous abandonner complètement entre les mains d'une autorité nouvelle qui
s'imposerait, en usurpant : de là à nous désinté-
resser de ce labeur auquel tout homme doit sa
part d'efforts personnels et qu'on appelle le
« salut du peuple », il y a un abîme ; et cet abîme,
nous ne le franchirons pas.

Il ne faut pas se le dissimuler, la crise dont
nous souffrons est une crise grave. On dit que
notre considération baisse à l'extérieur, que les
forces vitales de la nation sont attaquées à l'intérieur. On dit cela, et ceux qui le disent ne
parlent pas sans quelque apparence de raison.
On dit que l'anarchie est partout, le scandale en
permanence ; que l'âme de la nation est atteinte,
son moral entamé, et des prophètes méchants se
lèvent qui prophétisent la mort. C'est trop, sans
doute, mais il y a cependant anarchie et scandale
autour de nous.

Cela, nous le voyons ; il faudrait être aveugle
pour ne le point voir. Mais, à cela, il y a, Dieu
merci ! d'autres remèdes que César ; César serait
un remède pire que nos maux.

On dit aussi que nous ne sommes pas mûrs pour
la liberté, qu'à cet égard notre éducation n'est pas
faite ; et on rêve d'un dictateur temporaire, qui
retournerait, l'œuvre faite, à ces « chères études »
qui remplacent, pour les Cincinnatus modernes,
la charrue des Cincinnatus d'autrefois.

Or tout cela est du rêve : nous ne voulons pas
de dictateur ; pas plus de Cincinnatus que de César.

Et c'est précisément parce que nous sommes à
une heure de crise, précisément parce que l'âme
nationale souffre, et qu'en cette crise et cette souffrance, elle prend conscience d'elle-même ; c'est
précisément parce qu'on trouve des hommes
prêts à lutter pour la liberté, des hommes qui
croient que, par la volonté divine, le salut est en
eux ; c'est précisément parce que nous sentons
dans l'âme nationale de sourds frémissements
et comme la poussée d'une sève qui monte, parce
que nous entrevoyons des transformations pro-
chaines, parce que nous saluons autour de nous
l'éclosion de choses nobles et fières, semées
depuis longtemps peut-être, mais qui se révèlent
seulement aujourd'hui ; c'est à cause de tout cela
que nous ne voudrions pour rien au monde que
l'œuvre fût interrompue, et qu'un « tyran », un
« bon tyran », fût-il le meilleur de tous les tyrans
de la terre, vînt nous arrêter dans notre développement.

Ce n'est pas du dehors que doit nous venir le
salut, c'est du dedans. Le salut venant du dehors

entraînerait fatalement une déchéance, un affaiblissement de nos énergies, quelque chose comme
une capitulation de notre conscience, et nous
rendrait incapables, peut-être durant de longues
années, d'un nouvel effort, lorsque nous aurions
à combattre pour la liberté trahie ou la justice
persécutée.

César, dit-on. protégerait l'Église. Il se peut.
Certains vont même jusqu'à prétendre qu'il la
comblerait de ses faveurs. Défiez-vous des faveurs de César. Et si, sous prétexte d'honneurs,
César voulait mettre une chaîne d'or à votre cou,
songez qu'il y a des chaînes d'or d'une solidité à
toute épreuve et qu'avec ces chaînes-là on lie
tout aussi solidement qu'avec des liens de fer.

Puis songez à la réaction qui se produirait, le
lendemain de la chute de César. Car César tombe
toujours : sous le poignard, comme le premier as-
sassiné par Brutus ou, comme le dernier, devant
les canons de l'ennemi. Et le lendemain de la chute,
on identifie la cause de César à la cause de ceux
qui l'avaient désiré. Et les représailles commencent ; et le progrès, arrêté par César, se voit violemment ramené en arrière par ceux qui se sont
substitués à lui. Comme César avait eu l'air de
protéger l'Église, ceux qui le renversent croient
qu'il importe à leur salut d'être persécuteurs.

Pour l'amour de Dieu, soyons des hommes et
repoussons toute lâcheté ; n'abandonnons rien,
gardons notre part de travail dans l'œuvre du

bien social. Souvenons-nous que tous les peuples n'ont pas fini en des catastrophes subites, et qu'il en est dont le sommeil précéda la mort. Le jour où le Peuple Romain abdiqua aux pieds de ses maîtres, on put prédire la fin de Rome ; et si Mahomet II entra dans Constantinople et s'assit sur l'autel de Sainte-Sophie, c'est que les Byzantins s'étaient désintéressés du salut de l'Empire. Le « maître », disaient-ils, suffit à nous défendre. Or, il suffisait si peu, que, le jour de la suprême bataille, il put à peine envoyer aux remparts quelques milliers de soldats.

Il ne faut donc point songer à César. Mais il faut que le soleil du XXe siècle qui se lève sur notre horizon éclaire un peuple composé d'hommes vaillants qui veulent combattre et qui espèrent en la victoire, comptant sur la justice de leur cause et l'énergie de leur volonté ; disant comme leurs aïeux : « Dieu, mon épée et mon droit », parole fière et qui honore autrement des lèvres humaines que le *Ave Cæsar, morituri te salutant* : César, sois salué par ceux qui vont mourir.

** * **

Toutefois prenons garde. Nous ne pouvons éviter César qu'à la condition de faire nous-mêmes le travail que nous voudrions lui confier. Et pour cela, sans souci de déplaire à ceux qui crient au scandale dès qu'une voix s'élève pour dénoncer les abus, il faut, après s'être rendu compte du mal, le poursuivre énergiquement. Sans doute, observant toutes les règles de la prudence, mais aussi regardant comme un devoir de ne pas imiter, en présence des mauvaises choses de ce monde, les chiens muets ou qui se taisent obstinément.

Ce serait un étrange oubli du devoir.

Le mieux est de suivre l'exemple de nos pères. Lorsque saint Bernard gémissait sur les maux de l'Église, avertissant le peuple, le clergé, les évêques et même le Pape ; lorsque Gerson, Pierre d'Ailly et autres grands hommes demandaient la réforme des abus, il ne manquait pas de braves gens « bons chrétiens », « bien pensants », et placés, plus ou moins, parmi les *beati possidentes* de l'ordre de choses régnant, pour les traiter comme on traite aujourd'hui de simples démocrates chrétiens.

Or, ils avaient raison, on l'a bien vu depuis.

Il avait raison aussi, ce cardinal Julien Cesarini, qui, parlant des désordres du clergé, disait au Pape Eugène IV : « Ces désordres excitent la haine du peuple contre tout l'ordre ecclésiastique ; et si on ne les corrige, on doit craindre que les laïques ne se jettent sur les clercs, à la manière des hussites, comme ils nous en menacent hautement. » Il ajoutait que si on ne travaillait promptement à la réforme, beaucoup diraient : « que le clergé est incorrigible et ne veut point apporter de remède à ses désordres... Le peu de dévotion qui reste envers l'ordre sacré achèvera de se perdre. On rejettera la faute de tous ces désordres sur la cour de Rome, qu'on regardera comme la cause de tous les maux. »

Julien Cesarini disait vrai ; et Bossuet, qui rapporte ces paroles, n'hésite pas à le reconnaître. « Ce cardinal, écrit-il, le plus grand homme de son temps, en déplorait les maux et en prévoyait la suite funeste. Par où il semble avoir prédit ceux que Luther allait apporter à toute la chrétienté, en commençant par l'Allemagne. Et il ne s'est pas trompé, lorsqu'il a cru que la réformation méprisée, et la haine redoublée contre le clergé, allait enfanter une secte plus redoutable à l'Église que celle des Bohémiens. Elle est venue, cette secte, sous la conduite de Luther ; et, en prenant le titre de Réforme, elle s'est vantée d'avoir accompli les vœux de toute la chrétienté, puisque la réformation était désirée par les docteurs et les prêtres catholiques. »

Il est vraiment dommage que Bossuet soit mort : ceux qui nous reprochent de mettre le doigt sur les plaies sociales et de dénoncer les abus l'auraient certainement excommunié.

*
* *

Cependant l'humanité continue sa route. Tout un monde d'idées s'agite, auxquelles naguère on ne songeait même pas ; une évolution que certains regrettent, mais qui n'en est pas moins un fait, se dessine, de plus en plus, dans le milieu catholique. La marche en avant s'accentue ; et les hommes qui ne veulent pas confondre le dogme avec les préjugés d'antan, refusent de laisser leur barque attachée au rivage, tandis que le vent pousse vers la mer lointaine, tandis que le *duc in altum* du Maître divin s'impose de plus en plus, comme la devise des matelots.

Dieu a voulu que la société fût, en quelque sorte, pour l'homme, la route nécessaire de son voyage et l'indispensable moyen de son développement matériel et moral ici-bas.

Une certaine organisation, un rapprochement des hommes groupés selon leurs aptitudes et hiérarchisés suivant leur vertu, dans une série plus ou moins développée, plus ou moins rudimentaire d'organismes vivants ayant chacun leurs fonctions propres et autonomes, en un mot ce que Cicéron appelait le *Cœtus ordinatus*, constitue pour nous la société. Il va sans dire que la société ainsi comprise échappe à nos transformations en ses éléments suprêmes et primordiaux ; mais elle renferme aussi nombre d'éléments seconds, de groupements particuliers, professionnels, locaux, politiques ou autres, suceptibles d'évolution et de changement.

Or, à l'heure actuelle, deux choses nous paraissent, à ce point de vue, absolument évidentes. D'abord notre société transforme ce qui, en elle, est susceptible de transformation, et les efforts de ceux qui veulent arrêter le mouvement ne pourront que l'accélérer ; ensuite cette transformation se fait dans le sens de la démocratie. « Vous ne pouvez pas lutter contre l'avenir », disait en 1866 M. Gladstone, à la Chambre des Communes, apostrophant ses adversaires, au sujet de l'extension du droit de suffrage ; « le temps travaille pour nous. Les grandes forces sociales qui continuent leurs évolutions dans leur puissance et leur majesté ne peuvent être un seul instant ni arrêtées ni troublées par le tumulte de nos débats. Ces grandes forces sociales sont contre vous ; elles combattent pour nous. »

Et trente ans plus tard, Msr d'Hulst, dans la chaire de Notre-Dame, exprimait la même idée en termes plus énergiques encore et plus saisissants : « N'en déplaise aux esprits chagrins, affirmait-il, tout n'est pas à condamner dans les nouveautés que révèle notre état social. Sans donner gain de cause aux calomniateurs du passé, il ne me paraît pas douteux que, sur plus d'un point, notre âge soit en progrès. J'ajoute — et je l'ai prouvé l'année dernière, en vous parlant de la civilisation — que ce progrès vient de l'Évangile, qu'il représente un effet lointain, souvent méconnu dans sa cause, de la culture chrétienne... L'humanité tend vers le nivellement intellectuel,

moral, économique. C'est l'évolution démocratique. Comme disciple de l'Évangile, je n'ai
aucune raison de m'en affliger ; je dois même saluer, dans ce que cette tendance a de légitime, un
triomphe tardif de la pensée chrétienne. Toutefois, comme sociologue, j'aperçois le danger :
c'est que les convoitises prennent trop d'avance
sur les satisfactions possibles et fassent violence
à la société pour obtenir d'elle plus qu'elle ne
peut donner [1]. »

Le 14 janvier 1894, Mgr Doutreloux, évêque de
Liège, avait déjà dit, dans une lettre qui eut un
immense retentissement : « Ce serait encore
une autre fausse prudence, celle des esprits incon-
sidérés et optimistes, que de se refuser, dans le
choix des moyens d'action, à tenir suffisamment
compte des faits très réels et très graves qui do-
minent la situation. Les principaux de ces faits
sont : premièrement la puissance d'organisation,
l'activité habile et incessante et les progrès enva-
hissants du socialisme parmi nous, comme dans
tous les pays industriels du monde ; deuxième-
ment l'existence et le développement rapide et
irrésistible d'un mouvement démocratique universel, socialiste ou non socialiste ; troisième-
ment la puissance légale concédée à ce mouvement par l'extension du droit de suffrage politique : ce droit accordé aux masses populaires leur

1. Mgr d'HULST, *Carême 1896*, p. 196.

crée une influence considérable qui se tournera
contre ceux qui ne sauront pas lui concéder ce
qui est juste et raisonnable. C'est en face de ces
faits, de leur gravité, de leurs exigences, qu'il
faut se placer, pour organiser sagement et efficacement la lutte qui doit empêcher le triomphe du
désordre et du mal, assurer la victoire à l'ordre
et au bien. Raisonner contre ces faits, c'est dépenser son talent en vaine besogne, perdre un
temps précieux et occasionner des indécisions et
des retards dans une situation qui, le Pape nous
le dit, n'en permet pas. »

Ce que l'éminent prélat exprimait en termes
si affirmatifs, plus de vingt ans auparavant Louis
Veuillot l'avait prévu, lorsque, dans une page superbe, il célébrait le triomphe chrétien de la démocratie : « Si l'on ose jeter les yeux plus loin,
dans l'avenir, par delà les longues fumées du combat et de l'écroulement, on entrevoit une construction gigantesque et inouïe, œuvre de l'Église qui
répondra, par des créations plus belles, au génie
infernal de la destruction. On entrevoit l'organisation chrétienne et catholique de la démocratie.
Sur les débris des empires infidèles, on voit
renaître plus nombreuse la multitude des nations,
égales entre elles, libres, formant une confédération universelle, dans l'unité de la foi, sous la
présidence du Pontife romain également protégé
et protecteur de tout le monde, un Peuple-Saint,
comme il y eut un Saint-Empire. Et cette démo-

cratie baptisée et sacrée fera ce que les monarchies n'ont pas su et n'ont pas voulu faire : elle abolira partout les idoles ; elle fera régner universellement le Christ : *Et fiet unum ovile et unus pastor.* » Vision splendide qu'avait sans doute le grand Pape Léon XIII, lorsque, dans la dernière partie de l'encyclique *Præclara*, il saluait en termes si beaux le nouvel ordre de choses que prépare l'avenir, et cette démocratie vers laquelle, quoi qu'en disent certains, nous devons marcher sans effroi, but très noble de nos efforts, pour lequel il faut travailler avec courage, persévérance et désintéressement.

Ce mouvement que saluaient Veuillot, Gladstone et Mgr Doutreloux, qui n'était pas sans inquiéter Mgr d'Hulst, remontait bien plus haut et venait de bien plus loin. Il était la suite logique de l'effort social qui amena l'affranchissement des communes ; qui, en plein Moyen-Age, après l'établissement de la trêve de Dieu, couvrit le sol de l'Europe et particulièrement le sol de la France, d'associations de défense mutuelle et fraternelle protection. Ce mouvement a fait la civilisation moderne, et la civilisation moderne a mis au nombre de ses principes fondamentaux : que tout homme, par cela seul qu'il est homme, a droit à la justice, à la sympathie, à la liberté. Principes que Notre-Seigneur Jésus-Christ avait rappelés au monde, lorsque, dans sa prière sublime, il proclama le

dogme de la fraternité humaine, sous le regard
du Père qui est aux cieux.

*
* *

J'écris ces lignes au matin de la fête de Pâques.
Et chaque année, au même anniversaire, les cloches chantent dans les clochers la gloire de
l'Eglise, le renouveau des âmes, les saintes joies
du Christ ressuscité.

Or, n'est-il pas vrai que la grande poussée de
vie se fait dans les corps dont le printemps active
la sève, dans les âmes que le Sauveur régénère,
dans la société qui, poursuivant sa voie nouvelle,
marche d'un pas plus assuré vers de plus larges
horizons ?

Aux jours de l'Avent, l'Eglise nous fait chan-
ter : « Cieux, répandez votre rosée, des nues va
descendre le Juste, et que la terre enfante son
Sauveur. » Mais à Pâques il ne faut plus penser
à la rosée du ciel qui tombe. C'est un fleuve, un
beau fleuve aux eaux profondes qui va couler à
travers toute la terre, prenant sa source au saint
tombeau.

Que de choses il a charriées, ce fleuve, depuis
dix-neuf siècles, emportant avec lui les hommes
et les choses, les rois et les peuples, les arts et
les institutions ; et, malgré les contradictions appa-

rentes, les emportant toujours vers Dieu par le progrès.

Aussi la grande préoccupation des catholiques doit-elle être de regarder où va le fleuve, de ne pas se laisser tromper par des guides maladroits ou malhabiles qui voudraient nous faire remonter les affluents. Il faut suivre le grand fleuve : lui seul va vers la mer.

Ce fleuve, courant qui traverse les âges, apportant avec lui, suivant les circonstances, les temps et les lieux, des choses que hier on n'avait pas vues, que même on ne soupçonnait pas, effraie aujourd'hui certaines gens, car il entraîne le monde vers des régions inconnues où règne un ordre nouveau.

Serons-nous de ceux qui redoutent le fleuve et ne l'abordent qu'en tremblant ? Non, certes, car cette peur, les chrétiens ne la connaissent pas. Dieu les fit soldats et conquérants ; toute force qui passe doit leur appartenir. Si elle est bonne, pour la rendre meilleure ; si elle est mauvaise, pour la rendre bienfaisante ; est-ce que tout ne doit pas être à Dieu ?

Ne soyons donc pas de ceux qui, étrangers au milieu de leur peuple, pour justifier leur mérite ou leur maladresse, condamnent ce qu'ils ne connaissent pas. Vivant des regrets du passé et réservant leur dédain aux choses du présent, les uns s'enferment dans la tour d'ivoire, attendant que viennent les chercher d'impossibles pèlerins qui ne passeront pas ; tandis que d'autres, laborieux ou tranquilles, pacifiques ou trembleurs, redoutent de voir agiter leur quiétude, ne voulant ni de l'inconnu avec ses dangers, ni des nouveautés avec leurs changements. Ne les imitons pas et restons sur la brèche. Jésus-Christ n'a pas dit aux Apôtres : « *Ite* » — et tous les chrétiens sont apôtres, — il n'a pas « confié à chacun de nous le soin de son frère », pour que les chrétiens, enfermés dans une abstention dédaigneuse ou paresseusement étendus sur un lit de repos, laissent les choses de ce monde aller loin de Dieu et de son Christ, vers leur implacable destinée.

Faisons davantage. Puisqu'il y a encore, Dieu merci, de vaillants soldats sur la brèche, soyons de ceux qui vont à l'avant-garde. L'heure est venue de la puissance du peuple. Pourquoi le peuple n'aurait-il pas son heure, comme les rois et les barons ont eu la leur. Ne nous laissons distancer par personne et travaillons à donner au peuple tout ce qu'exige son droit, sans nous inquiéter des plaintes et des récriminations qui s'élèvent, nous laissant guider uniquement par le respect de la justice et les légitimes exigences de la liberté.

Les temps nouveaux amènent la démocratie. La démocratie est un fait ; elle vit, elle vivra. Elle a eu le droit de naître, elle a le droit de continuer sa vie, de poursuivre son développement. Ne restons pas en dehors de son œuvre. Et si, parfois, sa route paraît encore incertaine, prenons garde que les hommes de désordre ne se présentent seuls pour lui servir de guides et l'amener, à travers des abîmes, aux pires bouleversements.

Car c'est là tout le problème. Il ne s'agit pas de savoir si la démocratie est ou n'est pas ; elle est. Il s'agit de savoir si la démocratie suivra les chemins qui mènent au matérialisme, au socialisme, au césarisme ou à Jésus-Christ. Et si la solution du problème ne dépend pas uniquement de nous, Dieu, qui s'est réservé, en dernière analyse, la conduite des affaires humaines, demande que nous apportions à cette solution notre part de concours.

Il faut être aveugles, comme le sont quelques-uns, ou obstinés, comme d'autres, pour ne pas voir le travail énorme, souverain, qui se fait dans notre état politique et social. Tout se transforme : non brusquement, et c'est ce qui importe ; mais en suivant une lente et progressive évolution, dans les institutions politiques, dans les réformes économiques, dans l'état moral de la nation elle-même. Depuis un siècle la transformation est partout. Et ni le dédain de ces boudeurs hypnotisés par la contemplation du passé qui se défendent rageusement de regarder le présent et de croire à l'avenir, ni les récriminations de ces résignés qui vont où la nécessité les pousse avec l'enthousiasme du pendu qui va vers sa corde, ou du mouton conduit à l'abattoir, ne l'arrêteront en chemin.

La démocratie est dans son droit ; elle ne dépouille personne. Et si elle réclame ce que, durant de longs siècles, elle a prêté, elle ne veut que reprendre son bien, parce que les circonstances ont changé qui avaient nécessité le prêt, autrefois. On aurait tort de croire qu'après « une expérience malheureuse », les « choses reviendront en l'état ». Outre qu'il n'est pas sûr que le premier état fût préférable au second, les fleuves ne remontent pas vers leur source, ce serait folie de l'espérer.

Que si certains hommes des vieux partis venaient à la démocratie, la démocratie leur serait certes reconnaissante, parce qu'elle n'hésite pas à reconnaître en eux des qualités dont sa jeunesse peut avoir besoin ; mais si elle les désire, elle ne les implore pas. La démocratie ne veut pas se donner des maîtres. D'autant que les années qui s'écoulent lui permettent de former ses cadres. Les vieux partis ont beau faire, déjà la démocratie, à cet égard, n'a plus grand chose à leur envier.

Et nous, ses fidèles, mettons-nous à l'œuvre joyeusement. Au siècle qui s'ouvre, apportons notre vérité, comme d'autres y veulent apporter leurs erreurs ; apportons notre foi comme d'autres veulent y apporter leur négation ; apportons notre Christ, comme d'autres veulent y apporter leur impiété ; Dieu, pour qui nous combattons, nous aidera.

Et alors quand, secouées par les bras des robustes sonneurs, sonneront les cloches pour célébrer le triomphe pascal, les cloches chanteront plus clair, dans une société démocratique où les principes de l'Evangile seront de mieux en mieux compris et appliqués.

Et à travers les espaces, le long des chemins, par delà les ruisseaux et les fleuves, sur les prairies verdoyantes et les champs de blé mûr, planant au-dessus des villes et des hameaux, la voix des cloches dira d'un accent plus sonore au peuple devenu plus chrétien la gloire de l'Eglise, le renouveau des âmes et les saintes joies du Christ ressuscité.

CHAPITRE II

La Démocratie chrétienne

Saint Thomas, dans la *Somme théologique*[1], donne cette définition de la démocratie : *Democratia, id est potestas populi, in quantum ex popularibus possunt eligi principes, et ad populum pertinet electio principum.* En d'autres ter-

1. I* 2**, Q. CV, a. I.

mes, c'est le peuple se gouvernant lui-même par ses propres chefs ; ou, comme on l'a dit : « le gouvernement du peuple par le peuple organisé ». Mais l'école à laquelle l'auteur de ces pages a le très grand honneur d'appartenir n'est pas purement et simplement une école de démocrates. Acceptant la définition de saint Thomas, au point de vue général, et la complétant à son point de vue particulier, elle se nomme l'école de la Démocratie chrétienne et considère que le régime dans lequel le peuple a la faculté de choisir ses chefs dans son sein doit, pour mériter le beau nom de régime démocratique chrétien, reposer sur l'accord du droit naturel et du droit divin révélé, cherchant à établir un ordre social conforme aux principes évangéliques dans les mœurs, les institutions, les lois et le gouvernement.

On voit déjà combien cette conception de la démocratie nous sépare du régime politique et social des anciens. Ce régime, d'ailleurs, à proprement parler, n'eut jamais rien de démocratique, puisque le pouvoir y était exclusivement réservé à une élite peu nombreuse d'hommes libres servis par un peuple d'esclaves tenus à l'écart de toute fonction publique et qui n'avaient aucun droit. Rome et Athènes peuvent nous offrir des types de gouvernement oligarchique. Ni Rome ni Athènes ne connurent la vraie démocratie.

La différence, pour être d'une autre nature,

n'est pas moins profonde avec le régime de centralisation à outrance dans lequel nous vivons et dont nous souffrons, régime où l'association, loin d'être un droit, est à peine une tolérance. Remettant tous les pouvoirs de l'Etat aux délégués politiques du peuple, cette prétendue démocratie leur donne la faculté de tout faire. Reconnaissant comme un droit l'omnipotence d'une majorité le plus souvent sans principes, elle fait du pouvoir une affaire de coterie, se préoccupe beaucoup plus des ambitions et des rancunes particulières que des besoins de la nation, dont les grands intérêts ne sont jamais représentés, sacrifiant à peu près toujours, de parti pris, l'individu à la communauté qu'elle identifie d'ordinaire avec les bureaux administratifs. Notre éloquent ami l'abbé Lemire caractérisait excellemment cet état de choses, lorsqu'il disait dans son beau discours de Lyon : « Nous ne sommes pas en démocratie, mais en bureaucratie[1]. »

---

1. Qu'on nous permette de citer sur ce point une page remarquable de M. G. Alix :

« Il y a quelques années, un grand personnage russe, causant des différents gouvernements du monde civilisé avec un de mes amis, lui disait : « Je partage en trois « catégories les gouvernements que j'ai pu voir de près « et étudier à fond dans ma longue carrière. Les uns « sont franchement autoritaires et despotiques : c'est le « mien, c'est le gouvernement turc ; d'autres, en très « petit nombre, sont ou plutôt ont été jusqu'à ce jour « franchement libéraux : l'Angleterre, les Etats-Unis ; « quant aux autres, parmi lesquels je compte la France,

Le socialisme, qui est le développement logique de cet état de choses, ne saurait pas davantage, — nous le dirons plus loin — être confondu avec notre démocratie. Là encore, et plus complètement, l'individu se trouve absorbé par l'Etat, qui se substitue à lui dans les moindres détails de la vie pratique et lui enlève à la fois son initiative et sa responsabilité.

Quant au régime prôné par l'école libéraliste qui, s'appuyant sur la fatalité des lois, fait de l'homme une machine, laisse le fort écraser le faible et accepte toutes les tyrannies : tyrannie du nombre qui mène à la démagogie, tyrannie de l'argent qui enfante l'usure, tyrannie de l'opinion ou respect humain qui ne reconnaît de droits qu'à l'individu, mais lui en reconnaît de si com-

« l'Allemagne, l'Italie, ils ont non pas précisément la « liberté, mais... *le jésuitisme de la l'berté.* »

« Et comme mon ami s'étonnait et se récriait, comme il croyait nécessaire de rappeler que la liberté avait pris naissance sur notre sol, que l'histoire de ses progrès sur le continent, c'était l'histoire même de la France et de son influence au dehors : « Je sais tout cela, répondait « son interlocuteur ; oui, tous les principes de la liberté « ou presque tous figurent dans vos lois, mais j'y vois « aussi *je ne sais quel vieux fond de droit public* qui « paralyse les effets de ces principes. »

« Mot juste, Messieurs ! L'étranger avait raison. Notre droit public est formé de deux éléments bien différents ou, pour mieux dire, opposés par leurs origines et par leur esprit. D'un côté, le droit public proprement dit, le droit politique ou constitutionnel, qui a sa source dans le principe de la souveraineté nationale, écrit en tête de

plets qu'il arrive à permettre de soutenir les théories les plus insensées, les plus funestes aux bonnes mœurs, les plus destructives de la notion d'ordre social ; qui n'admet aucun droit pour l'Eglise, pour la famille, pour l'association ; qui fait du corps social une juxtaposition d'individus sans liens entre eux, ne connaissant pas les lois de la solidarité, faisant du travail une marchandise, du crédit un pur trafic, de la propriété un instrument d'oppression, on n'y saurait rien voir de commun avec nous. Le régime libéraliste a, au reste, son aboutissement logique dans le système anarchiste qui, achevant d'en mettre les théories en acte, exagère le développement de l'individu

la Déclaration des droits de l'homme, et qui, après un siècle, ou peu s'en faut, d'agitations et de convulsions, de brusques mouvements en avant, suivis de reculs et de temps d'arrêt, est enfin parvenu au terme de son développement, a reçu son entière expansion, une première fois en 1848, une seconde fois et définitivement en 1870, avec le suffrage universel et l'établissement du régime républicain. C'est l'œuvre propre et l'on peut dire personnelle de 1789. D'un autre côté, le droit administratif, legs de l'ancien régime, recueilli par la Révolution et accru par elle, qui donne à la fonction de l'Etat un rôle, une importance, une prépondérance qu'elle n'avait pas, même sous le grand roi. C'est là ce *vieux fond de droit public,* dont on nous parlait tout à l'heure, qui jure avec notre système politique et le tient en échec. Ici, en effet, dans notre système politique, l'individu est investi de tous les droits, il est maître et souverain, il est tout; là, dans notre système administratif, il n'est rien. » *(La Réforme sociale,* 1ᵉʳ mai 1898, p. 682.)

jusqu'à déclarer la liberté irrépressible, allât-elle jusqu'aux excès de la plus sauvage destruction.

De plus, ne l'oublions pas, tous ces régimes qui usurpent le nom de démocratiques sont, de fait ou de parti pris, nettement opposés à l'idée religieuse, tandis que notre démocratie jette dans la vie la note idéaliste et chrétienne. Sans regarder la résignation comme un remède social, elle l'invoque toutefois. Afin d'adoucir l'âpreté des impatients, elle rappelle les notions évangéliques du devoir, de la justice, de la fraternité et du pardon : elle s'efforce d'établir dans les esprits et dans les cœurs les principes de la solidarité, écartant avec énergie cette maxime païenne digne d'un peuple d'anthropophages : « Ce qui est perte pour l'un doit être gain pour l'autre » ; doctrine féroce qui ouvre la porte à toutes les révolutions.

*
* *

Nous reviendrons sur ces idées, mais il nous a paru utile de les indiquer dès maintenant et de montrer la véritable orientation de l'humanité vers le progrès. Car l'humanité, quoi qu'en dise Vico, ne doit point rester stationnaire, pas plus qu'elle n'est faite pour revenir au point de départ, dans l'un et l'autre cas, ce qui nous vouerait à la barbarie. L'humanité devenue la société chrétienne doit progresser sans cesse et indéfiniment, sous le regard de Dieu, jusqu'au jour marqué par les éternels desseins où elle s'unira plus étroitement à ce Dieu à qui aboutissent tous les êtres, qui termine tous les temps, qui est la raison de tous les progrès.

La Providence semble, du reste, avoir jeté au milieu de nous, durant ce siècle, des éléments nouveaux pour aider au progrès et à son développement.

Dans l'ordre matériel, les découvertes scientifiques mettent à notre disposition des forces puissantes, dont on a pu abuser et dont on abusera peut-être encore, mais qui n'en sont pas moins un bienfait, quoi qu'en puissent dire quelques esprits chagrins qui regrettent peut-être de voir nos minoteries modèles remplacer par la vapeur les esclaves enchaînés des moulins de Pompéï. Dans l'ordre moral, ce même développement scientifique pousse à rechercher, avec une ardeur nouvelle et beaucoup plus grande, les causes des maux dont nous souffrons, pour lutter contre elles et enfin les dominer.

Ainsi se modifient les mœurs, les aptitudes, le caractère, les conditions de la vie des peuples; ainsi se modifient les institutions; jusqu'à l'heure où, par une conséquence nécessaire, le régime politique et le régime social doivent changer. C'est ce qu'on appelle une révolution. Ce mot, d'ail-

leurs, n'emporte point nécessairement avec soi
une idée de violences et de destructions : il constate, au contraire, plus qu'il ne produit, un changement dans la légalité. Et même on peut dire
que rien ne l'arrête ou ne le précipite notable-
ment, pas plus les craintes intéressées de ceux-ci
que les impatiences légitimes ou inexplicables
de ceux-là. Tout près de nous, le 4 septembre 1870
a marqué une date de cette sorte ; et l'œuvre s'est
accomplie, comme sans secousse, parce qu'elle
était arrivée à son moment.

La révolution qui se prépare, ou plutôt qui se
fait sous nos yeux, a son principe dans une vive
passion pour l'égalité. Cette passion, après s'être
emparée de la société humaine, et en avoir, peu
à peu, modifié le tempérament, essaie aujourd'hui
d'en transformer les constitutions. Mais une
pareille œuvre n'est pas facile. Il ne faut donc pas
s'étonner si nos contemporains, se tournant de
divers côtés, demandent le mot de l'énigme à ceux
qui se prétendent docteurs, et de leur indiquer
quelle doit être, dans les conditions où ils évo-
luent, la meilleure hygiène sociale, afin que la
société puisse continuer sa route vers l'étoile, en
conservant et en augmentant sa vigueur et sa
santé.

Nous sommes persuadés, et beaucoup pensent
de même, que, pour répondre à la question et
résoudre le problème, il suffit de transporter les

principes de l'Evangile du monde religieux dans le monde social. L'ordre nouveau que doit engendrer cette application des principes évangéliques au monde social, nous l'appelons la Démocratie chrétienne et nous croyons qu'il est permis d'y voir, sinon la forme définitive — qui oserait le prétendre ? — au moins une étape dans la marche en avant de l'humanité.

***

L'histoire humaine, surtout depuis cette énorme secousse du XVIe siècle qui dure encore, et dont 1789 n'a été qu'un épisode et la Terreur un sanglant intermède, est là pour documenter notre affirmation. Quand Luther, Calvin, Zwingle et les autres se levèrent contre le Catholicisme et, sous prétexte de poursuivre une réforme devenue nécessaire, se livrèrent avec rage à une œuvre de destruction, le monde assista au premier acte du drame. Au nom de l'orgueil et du libre examen, la vérité divine fut soumise au caprice de l'homme et la révolution religieuse commença.

Voltaire et ceux qui, au XVIIIe siècle, prirent le nom de « philosophes », firent un pas de plus, et s'attaquèrent au Christianisme directement. Couvrant de ridicule les choses saintes, ils sapèrent les fondements de toute autorité; et, au jour des ébranlements suprêmes, le pouvoir, qui d'abord avait été complice de l'œuvre et qui devait en mourir, ne trouva point où s'appuyer.

Ce fut le second acte du drame ; la révolution politique était commencée.

Le troisième acte se déroule aujourd'hui. D'un côté le capitalisme nous a fait une situation intolérable et, par réaction fatale, conduit le monde à l'anarchie ; de l'autre le socialisme s'attaque à la propriété, à la famille, à la patrie, aux dernières assises de l'édifice social.

Plus rien du vieux Catholicisme, disait Luther ; plus rien du vieux Christianisme, continua Voltaire ; plus rien du vieil ordre existant, disent les disciples de Marx.

Mais, chose curieuse, tandis que les gens à courte vue s'effrayaient et maudissaient le malheur des temps, ceux dont l'âme est plus haute et dont la vue découvre des horizons plus vastes, gardaient au cœur l'espérance et voyaient, malgré tout, la loi divine suivre sa marche et le monde aller au progrès. C'est que, malgré les erreurs et les errements de la faillibilité humaine, il est facile de constater que le règne de la justice avance. Il y a, par le monde, des cris de révolte contre toutes les oppressions, et il se fait un effort vigoureux, de plus en plus général, en faveur des pauvres, des délaissés, des souffrants, des accablés, pour les aider à prendre leur marche vers cette égalité sociale que nous définirons plus loin, dans le partage de la dignité, du pain, de la lumière et de la liberté.

Si, dans cette phase sociale où nous entrons, appuyés sur le Christianisme et les conséquences logiques de son développement, nous voyons d'abord se poser la question de la propriété, c'est que la grande masse des hommes, comme Jésus-Christ, n'a pas un lieu pour reposer sa tête[1] ; c'est que des millions et des millions d'êtres humains n'ont pas les moyens de défendre le fruit de leur travail, je ne dis pas contre les voleurs du dehors, mais encore contre les exploiteurs du dedans, qui les dépouillent et, selon la forte expression de l'Encyclique, les réduisent à peu près en esclavage, *prope servile jugum* ; c'est que beaucoup de ceux qui possèdent justement, ayant acquis la richesse par le travail et dans des conditions où n'entrait nul dommage envers le juste et l'honnête, ne se doutent pas, le plus souvent, des devoirs qui leur incombent par le fait de la possession de leurs biens. Là est le mal le plus profond, là doit porter le premier effort, afin de délivrer les esclaves, de briser les jougs qui oppriment et de donner à tous, pour employer le langage de l'Evangile, une vie toujours plus abondante : *Ut vitam habeant et abundantius habeant.*

---

1. *Filius autem hominis non habet ubi caput reclinet.* (Luc., IX, 58.)

** **

Et maintenant où trouver une définition de la démocratie qui réponde à toutes ces idées, précise la définition de saint Thomas et l'adapte aux besoins de notre temps ?

« La démocratie, dit M. Léon Bourgeois, est le gouvernement de tous par tous. La République est la forme politique de l'état démocratique : la liberté et l'égalité des droits et des devoirs pour tous les citoyens. »

Cette définition ne saurait nous satisfaire ; elle est, d'ailleurs, par trop incomplète, cherchons ailleurs.

« La démocratie, dit le professeur Toniolo, est une organisation de la société dans laquelle toutes les forces sociales, juridiques et économiques, dans la plénitude de leur développement hiérarchique, coopèrent proportionnellement et de telle sorte au bien commun que le dernier résultat de leur action tourne à l'avantage prépondérant des classes inférieures. »

Cette définition nous paraît meilleure; nous lui préférons toutefois celle de l'abbé Pottier. D'après le savant chanoine de Liége, la démocratie entendue au point de vue chrétien est « un système social qui a sa racine dans une doctrine précise et absolue, celle du Christianisme, et qui exige, à titre de conséquence nécessaire, une organisation protectrice de la classe ouvrière et, dans ce moment historique, à titre de convenance contingente, une amélioration et une élévation de sa condition. »

Enfin, s'il nous est permis d'essayer une définition à notre tour, nous dirons, nous inspirant de la pensée des hommes que nous venons de citer :

La démocratie chrétienne est un système social qui a sa racine dans une doctrine précise et absolue, le Christianisme ;

Qui met sa force au service des masses ;

En vue de leur soulagement matériel et de leur relèvement moral.

Exigeant :

A titre de conséquence nécessaire, une organisation protectrice des petites gens ;

A titre de convenance contingente plus ou moins étroite : *a)* une amélioration et une élévation de leur condition ; *b)* une participation effective au travail social.

Où l'autorité, s'appuyant pour cela tantôt sur le côté matériel, tantôt sur le côté moral, gouverne la société de la façon la plus propre au développement harmonique et simultané de tous ses membres, en vue de leur faciliter la possibilité d'atteindre leur fin, qui est Dieu.

Il nous semble que notre définition est complète ; elle indique :

Le point de départ : le Christianisme ;

Le but spécial : Soulagement matériel et relèvement moral des petites gens ;

Les moyens : Organisation protectrice, ascension des petits, leur participation à l'œuvre de leur relèvement ;

Le mode d'action qui s'appuie tantôt sur le côté matériel, tantôt sur le côté moral ;

Le but général : Développement harmonique de tous les membres du corps social pour arriver à Dieu.

Les miracles et la prédication de Notre-Seigneur ont été un continuel travail pour obtenir ce double résultat du soulagement matériel et du relèvement moral dans le but d'atteindre la fin. Or, le Maître a confié à tous les chrétiens la mission de continuer son œuvre, selon les dispositions diverses des masses qu'il faut lui conquérir : tantôt, aux époques de foi diminuée, recourant au soulagement matériel pour arriver au relèvement moral et, par là, jusqu'à Dieu, c'est la méthode qu'il conseillait à ses apôtres ; tantôt, aux époques de foi puissante, s'appuyant sur les idées morales pour obtenir le soulagement matériel.

CHAPITRE III

Le but de la Démocratie chrétienne

Une formule de saint Thomas. — La démocratie et l'Évangile. — Le double effort du mouvement démocratique. — Ce que demande la démocratie chrétienne. — Ce qu'elle produit. — La démocratie chrétienne et la question ouvrière. — Lacordaire. — Le point de vue individuel et le point de vue social. — La résistance. — L'élément moral de la démocratie. — Égalité. — Les droits des petits. — L'art et la science dans la démocratie. — Le beau, le vrai, le bien. — Une page de Ketteler. — L'homme plus près de Dieu. — Double but.

Le but de la Démocratie chrétienne se trouve formulé par saint Thomas, en tête de sa *Somme* : « Il y a, dit le saint docteur, une fin surnaturelle qui est Dieu. La société doit fournir aux hommes les moyens les meilleurs de travailler à leur développement intégral, afin de rendre à leur Créateur un hommage plus complet et, ainsi, de se rapprocher de leur fin. » C'est pourquoi la propriété, le travail, les contrats, l'Etat, la constitution du pouvoir, les libertés publiques, les relations des peuples, qui favorisent un groupe social au détriment de la masse et arrêtent ou entravent les individus faisant partie des autres groupes dans la marche ascensionnelle vers leur développement normal et intégral, doivent être améliorés.

Pour arriver à ce résultat, la Démocratie chrétienne fait un double effort. Elle cherche premièrement à introduire les principes de l'Evangile dans l'ordre économique et social : elle se donne ensuite la mission de défendre les faibles et, en particulier, la classe ouvrière « isolée et livrée à la merci des maîtres inhumains ». Les principes évangéliques dont nous parlons ici ne sont, au fond, que les principes du droit naturel et social mis en lumière par l'enseignement de l'Eglise.

On demandera peut-être pourquoi l'effort de notre labeur va d'abord aux petits et aux ouvriers. C'est que là nous paraît être, à l'heure où nous sommes, le plus pressant besoin ; le Pape, d'ailleurs, nous a poussés lui-même dans ce chemin. « Les droits, où qu'ils se trouvent, dit Léon XIII, doivent être religieusement respectés et l'Etat doit les assurer à tous les citoyens... Toutefois, dans la protection des droits privés, il doit se préoccuper d'une façon spéciale des faibles et des indigents. La classe riche se fait comme un rempart de ses richesses, et a moins besoin de la protection de l'Etat. La classe indigente, au contraire, sans richesse pour la mettre à couvert des injustices, compte surtout sur la protection de l'Etat. Que l'Etat se fasse donc, à un titre tout particulier, la providence des travailleurs qui appartiennent à la classe pauvre en général [1]. »

Ainsi les revendications des droits du peuple, des droits de la classe dite inférieure, est le premier effort de l'action démocratique. Et comme cet effort a pour principe une idée essentiellement chrétienne, puisqu'elle tend à faire passer dans la réalité des choses le dogme sacré de l'égalité morale et de la fraternité de tous, rappelé par le Christ lors de son passage ici-bas, nous voyons là une raison de plus pour ajouter à notre nom de démocrates l'épithète de chrétiens.

On voit déjà, et par le seul énoncé de ce programme, que la Démocratie chrétienne va bien au delà du mouvement ouvrier. Le mouvement ouvrier n'est qu'une fraction du mouvement démocratique. Le mouvement démocratique embrasse tous les genres d'efforts tentés à *tous les degrés de l'échelle sociale* pour ramener les vrais principes de la justice, du droit et de l'égalité. C'est pourquoi il ne saurait se ren-

1. Encyclique *Rerum novarum.*

fermer dans l'œuvre de la conversion individuelle, ni même dans la christianisation officielle
de la société, sorte d'enseigne religieuse mise
sur l'édifice social. Il faut plus. Il faut que l'idée
chrétienne, pénétrant toutes les couches, devienne
l'inspiratrice de tous les actes politiques et
sociaux.

De là cette conséquence que la démocratie demande :

a) Plus de justice pour tous : et, par suite, le
respect de tous les droits ; *b)* plus d'égalité entre
tous ; et, par suite, outre une plus grande facilité
pour l'accession aux fonctions publiques, une
certaine part de pouvoir attribuée à tous ; *c)* plus
d'indépendance pour chacun ; et, par suite, une
puissante organisation économique qui veille à
ce que les petits et les faibles ne soient pas à la
merci des grands et des forts.

De là, aussi, comme premiers résultats : *a)* un
respect plus grand de la vie humaine, et l'écroulement ou du moins la décadence des systèmes
économiques par lesquels ce respect n'est pas
garanti ; *b)* une conception nouvelle ou du moins
le rappel de l'ancienne conception du régime de
la propriété : le droit du propriétaire n'étant plus
que relatif et contingent, devant contribuer à
l'œuvre générale, sans se laisser absorber par la
satisfaction de besoins particuliers ; *c)* enfin la
recherche d'un moyen qui, à la manière du
referendum, permette à l'homme d'intervenir par

lui-même dans les questions vitales qui touchent à ses intérêts primordiaux : intérêt du groupement professionnel auquel se ramène sa vie sociale, intérêts du groupement local auquel son domicile l'a rattaché, représentation normale de ses intérêts succédant à une représentation inorganisée qui, le plus souvent, n'incarne que des appétits.

*
* *

S'il ne faut pas ramener toute la doctrine de la Démocratie chrétienne à la question ouvrière, il est cependant vrai de dire que cette doctrine, qui honore plus particulièrement le travail et le travailleur, impose plus rigoureusement aux membres de toutes les catégories sociales le devoir de travailler. Notre organisation, d'ailleurs, et la manière dont nous concevons l'état social imposent la nécessité du travail et le respect de l'ouvrier ; d'autant que la majorité, qui, de fait, aujourd'hui, constitue la puissance, est composée de travailleurs :

C'est dans la question du travail, disait Lacordaire, que toute servitude a sa racine ; c'est la question du travail qui a fait les maîtres et les serviteurs, les peuples conquérants et les peuples conquis, les oppresseurs de tout genre et les opprimés de tout nom. Le travail n'étant pas autre chose que l'activité humaine, tout s'y rapporte nécessairement ; et selon qu'il est bien ou mal distribué, la société est bien ou mal ordonnée, heureuse ou malheureuse, morale ou immorale. Nous en avons aujourd'hui une preuve que les plus aveugles sont obligés de comprendre. De quoi le monde s'émeut-il depuis vingt ans ? Quel est le mot des guerres civiles auxquelles nous assistons ? N'est-ce pas ce mot : *Organisation du travail* ? N'est-ce pas cet autre mot : *Vivre en travaillant ou mourir en combattant* ? Et si nous remontions la chaîne des révolutions historiques, leur trouverons-nous jamais, quel que soit leur nom, une autre cause première que la question du travail ? Les migrations des peuples, les invasions des barbares, les guerres serviles, les troubles du Forum, tous les grands mouvements humains se rattachent directement ou indirectement à cette terrible question qui renaît de ses cendres avec une opiniâtre immortalité. C'est l'axe où tournent les destinées du monde.

La question ouvrière est donc justement placée en première ligne parmi celles qui préoccupent les démocrates chrétiens, mais elle n'est pas la seule et ne constitue pas toute notre démocratie.

Dans son action pratique, au point de vue individuel, l'école de la Démocratie chrétienne se réclame d'abord de cette thèse posée, d'ailleurs, en axiome par les théologiens, que l'homme ayant une fin éternelle, et arrivant à cette fin par l'observation de la loi, il faut, pour être capable d'observer cette loi, une certaine somme de biens matériels, somme qui, naturellement, doit varier selon l'état de la civilisation, sans pouvoir toutefois descendre au-dessous d'un minimum déterminé. Et ainsi, disons-le en passant pour répondre aux attaques directes ou aux charitables insinuations de ceux qui voudraient nous faire passer pour une secte d'athées — le mot a été dit — c'est une fin surnaturelle, c'est l'éternel salut des déshérités de ce monde que poursuivent les démocrates chrétiens.

Croire que la masse des hommes se laissera facilement entraîner par la beauté intrinsèque des idées et de la morale chrétienne, c'est connaître bien peu notre nature ; et, grâce au ciel, les apôtres et les missionnaires ne sont pas tombés dans ces errements :

Depuis le commencement du monde jusqu'à nos jours, dit à ce propos l'éminent sociologue M. P. Lapeyre, les masses humaines ont été beaucoup plus saisissables par les intérêts temporels et les bienfaits matériels que par les arguments subtils et les hautes spéculations, témoin les conversions de Constantin et de Clovis. Quand les foules de la Judée ont-elles voulu mettre la couronne royale sur le front de Jésus ? Est-ce lorsqu'il tenait ces profonds et sublimes discours que saint Jean nous a rapportés ? Non, il les réservait pour les petits comités, pour ses seuls Apôtres, qui eux-mêmes n'y comprenaient pas grand chose. C'était lorsqu'il venait de multiplier les pains et de nourrir gratuitement les multitudes affamées. Quand Notre-Seigneur a-t-il été acclamé et promené en triomphe ?

Lorsqu'il venait de rendre la vie à un mort. Et cependant le peuple juif était, à cette époque, le peuple dont la culture intellectuelle était le plus avancée. Qu'on parcoure les Annales de la Propagation de la Foi, il n'est presque pas de livraison où les missionnaires ne signalent des demandes de secours matériels dont ils sont obsédés. Ce ne sont pas des considérations élevées et vagues que l'on réclame d'eux, ce sont des patates, du riz, des bananes, des étoffes, des objets européens, tout ce qui est nécessaire à leur vie ou utile à leurs distractions. Quand les missionnaires ont pu faire des distributions abondantes, les conversions sont nombreuses. Les bénéficiaires glorifient Dieu, comme les malades guéris par Jésus, et sont alors accessibles à des explications un peu plus relevées. Je me souviendrai toujours d'un long entretien de Mgr Lavigerie auquel j'ai assisté chez Louis Veuillot, qui avait invité ses collaborateurs à passer la soirée avec l'éminent archevêque d'Alger. Ce prélat, qui venait de fonder les Pères Blancs, nous résuma les instructions qu'il avait données à ses missionnaires chargés d'évangéliser des peuplades très intelligentes mais très difficiles à convertir. D'abord il avait fait donner à ces religieux des leçons de médecine pratique suffisantes pour leur permettre de soigner les principales maladies. En arrivant dans le Sahara, ils ne devaient réclamer aucun subside, ni prêcher la religion catholique, soit en public soit en particulier. Ils devaient seulement rechercher les malades et leur donner gratuitement les indications et les remèdes propres à les soulager ou à les guérir. On prévoyait que le malade guéri voudrait témoigner sa reconnaissance par une offrande. Le Père Blanc avait ordre de la refuser, procédé qui ne pouvait manquer d'exciter l'étonnement du

Touareg. Celui-ci alors, de presser de questions le missionnaire : « Pourquoi m'as-tu fait du bien ? — Parce que ma religion m'ordonne de faire autant que possible du bien à tous les membres souffrants de l'humanité. — Et quelle est ta religion ?... » Voilà le sujet entamé... par l'initiative du Touareg... Le missionnaire alors peut s'étendre selon qu'il juge favorables les dispositions de son interlocuteur.

Notre Europe, si l'on veut bien ne pas se mentir à soi-même, n'est pas, sous le rapport religieux, beaucoup plus avancée que le Sahara. Mêmes préjugés, mêmes passions, même nature humaine. Il y a sans doute des nuances... qui toutes ne sont pas à l'avantage de l'Europe. Celle-ci ne se convertira que par des procédés analogues à ceux qui touchent les Africains.

Et M. Lapeyre ajoute cette citation du R. P. Ludovic de Besse :

S'il fallait expliquer pourquoi le paganisme a disparu complètement de l'Europe au bout de quelques siècles et pourquoi on ne réussit pas à le faire disparaître des pays actuellement infidèles, malgré la présence dans leur sein, depuis un temps infini, d'un grand nombre de missionnaires, on trouverait peut-être que la cause de ce mystère tient principalement à la différente manière de procéder dans l'évangélisation de ces peuples. (*Association chrétienne des honnêtes gens sur le terrain des affaires*, p. 368 [1].)

Au point de vue social, la Démocratie chrétienne enseigne que le bien commun étant l'objet

---

1. Cf. P. Lapeyre, *Les remèdes amers*, p. 483.

de notre réunion en société et tous les citoyens étant associés en vue de cet objet, chaque membre de la communauté doit travailler selon ses capacités et recevoir selon ses besoins. D'autre part, la responsabilité des membres du corps social doit grandir dans la mesure où ils sont plus élevés, tandis que le droit des faibles et des pauvres à être protégés grandit aussi dans la mesure de leur pauvreté et de leur faiblesse.

Voilà pourquoi les démocrates chrétiens soulèvent tant de récriminations. Consciemment par quelques-uns, inconsciemment par beaucoup d'autres, la vie sociale a été transformée en instrument de jouissance à leur profit, et les bénéficiaires de cet état de choses défendent âprement les positions acquises, nous reprochant, lorsque nous rappelons des principes trop méconnus, d'être peu charitables ou de violer la liberté. Beaucoup, sachons le reconnaître, sont de bonne foi dans leur résistance. Ils ne voient pas que pratiquer la charité dans le sens où ils l'entendent serait vraiment faire trop bon marché des droits de la justice ; que leur conception d'une liberté sans autre limite que la liberté des voisins tendrait à établir le règne de l'égoïsme, en imposant comme unique barrière aux appétits de l'homme, la résistance des appétits du voisin ; la vie sociale deviendrait alors nuisible à tous ceux qui ne savent pas l'exploiter.

2.

C'est pour ne pas tomber dans de pareils errements que nous refusons d'accepter l'organisation qui partage les hommes en catégories diverses vivant sous la loi de l'inégalité et du privilège entendue dans son sens étroit, et que nous plaçons les éléments constitutifs du corps social dans des collectivités formant des corps autonomes dont les fonctions ou devoirs correspondent à des droits et à des intérêts.

L'ancienne organisation sociale, telle que l'ont connue nos pères, ne répondant plus aux besoins nouveaux, devait être remplacée. Malheureusement, on s'est contenté de la détruire sans rien lui substituer. De là cet état d'anarchie au milieu duquel nous nous débattons. de là cette impossibilité de résister, le cas échéant, à certaines entreprises césariennes ou à l'oppression de l'État.

*
* *

L'élément moral, l'âme, si l'on préfère, de la démocratie, peut être envisagée sous un double aspect : l'un, formé de toutes les sèves, de toutes les énergies, parfois même de toutes les ignorances de la foule. se présente avec une rudesse qui choque certains délicats. Il y a là une éducation à faire et plus d'une chose à corriger. Sous

son autre aspect. l'âme de la démocratie nous
apparaît faite d'équité et de justice, poursuivant
une répartition plus normale des biens sociaux,
s'efforçant de supprimer les entraves apportées
par la naissance ou la pauvreté à l'ascension
sociale, glorifiant le travail, respectant le mérite
des individus, restreignant, autant qu'il est possible, sans violer la justice, la part faite aux
situations acquises, afin de diminuer le poids de
la chaîne que porte une partie de l'humanité.

De là nos effors pour établir une plus grande
égalité ici-bas, égalité dont la raison d'être et la
nature seront étudiées dans un des chapitres suivants.

Ainsi, il est facile de voir où il faut chercher
l'idéal de la Démocratie chrétienne.

L'art et la science ont certes leur place dans
une société démocratique ; mais ni la réalisation
du beau par l'art, ni la découverte du vrai par la
science ne constituent notre idéal.

Le beau ne saurait être le principe directeur
d'un peuple qui marche vers ses destinées. Il ne
peut, en effet, ni l'entraîner ni le soutenir, et
l'art, qui en est l'expression, demande, d'ailleurs,
trop de loisirs et trop de finesse pour être acces-
sible à la généralité. D'autant que l'admiration
pour les belles formes et les pensées impeccables
qui constituent le sentiment artistique s'accom-
mode mal avec le labeur imposé au plus grand

nombre par les nécessités de la vie matérielle. Passe-temps, passe-temps exquis, d'une élite, l'art peut, sans doute, à certaines heures, entraîner la foule ; mais de telles heures sont rares, l'expérience le montre surabondamment.

Le vrai, envisagé sous cette forme qu'on nomme la science, ne saurait être davantage l'aliment substantiel de tout un peuple. Les positivistes l'ont prétendu, et les auteurs de nos lois sur l'enseignement, en majorité disciples d'Auguste Comte, ont essayé de substituer à ces affirmations de vivantes réalités. Les uns et les autres, jaloux de remplacer la religion par la science, et, par la démonstration, ce qu'ils appelaient le sentiment, consacrèrent à cette œuvre d'obstinés efforts ; les uns et les autres furent obligés de s'avouer vaincus.

C'est que la science, pas plus que l'art, ne peut suffire à tous les besoins de l'âme humaine, la consoler en ses tristesses, la fortifier en ses douleurs, la relever en ses abattements, résoudre toutes ses énigmes, vaincre toutes ses tentations, supprimer toutes ses lâchetés. Le bien seul peut obtenir ce résultat et devenir pour la multitude un principe directeur. Aussi, quoique nous nous refusions à faire de notre parti un parti confessionnel — et nous dirons plus loin ce qu'il faut entendre par ce mot, — nous tenons à nommer notre démocratie la Démocratie chrétienne, parce que nous croyons que son idéal ne peut être réalisé que sous l'inspiration des principes chrétiens.

Ketteler, l'illustre archevêque de Mayence, a indiqué, dans une page magnifique, l'action de ces principes sur les hommes du peuple, c'est-à-dire sur cette masse qu'il faut atteindre, de toute nécessité, si nous voulons marcher dans un progrès légitime vers le mieux-devenir matériel, intellectuel et moral.

L'ouvrier chrétien, dit-il, croit la parole de Jésus-Christ [1], bien qu'il ne puisse comprendre les mystères de la Providence, car il sait que tout son esprit n'est pas l'intelligence divine. De là cette clarté qui l'éclaire tous les jours de sa vie jusqu'à son lit de mort. Ses pensées sont claires, ses principes certains : ils ne l'abandonnent jamais ; ils lui font comprendre les aspirations de son âme vers le bonheur et le repos ; ils lui expliquent et lui font aimer le côté pénible et douloureux de la vie, de ses travaux et de ses privations. L'expérience de la vie lui en découvre la vérité, et il y trouve le repos et la vie malgré ses souffrances. Il croit à la parabole du mauvais riche et du pauvre Lazare ; il croit à la vie éternelle. Il a une idée élevée de la valeur de son travail journalier, abstraction faite du prix que lui en paie son maître ; il apprend par expérience à connaître des jouissances spirituelles qui ne consistent ni en festins ni en représentations théâtrales, ni en concerts ou fêtes libérales, et qui sont pour lui un avant-goût des joies du ciel. L'expérience lui montre la main d'une Providence qui, au milieu de

---

1. KETTELER, *Œuvres choisies*, publiées par Decurtins, p. 113-114.

ses privations, lui donne des preuves de son amour paternel et divin ; chaque parole de l'Evangile est pour lui une consolation, un baume, une joie ; il puise dans les sources de grâces du Christianisme la force et l'énergie ; la vue du Fils de Dieu, vivant dans le travail et la pauvreté, les lui fait estimer plus que la richesse et le repos. Il croit enfin en un Dieu éternel, infiniment juste, qui jugera toutes nos actions, nos pensées, nos paroles, et prononcera alors, sans acception de personnes, sur le sort de chacun, pour l'éternité. Voilà la table du festin à laquelle le Christianisme convie les classes ouvrières ; ce sont les miettes qui en tombent que le parti libéral et le parti radical veulent lui servir.

Evidemment ce tableau superbe représente un idéal à la fois humain et chrétien, dont l'absolue réalisation atteindrait une perfection qui n'est pas de ce monde et donnerait à l'homme la plénitude de la vie dans ce que la vie a de meilleur. Mais, c'est là précisément le but de la Démocratie chrétienne : promouvoir le développement intégral de chacun, en s'appuyant sur tous : Dieu ayant donné la société à l'homme afin de suppléer à ses impuissances. Pour cet effet, établir la vie de chacun dans des conditions où elle serait le moins restreinte possible, tout en sauvegardant la vie de tous ; organiser un état social où l'homme s'efforcerait d'atteindre le summum de dignité morale, ne serait-ce pas, en réalité, le rapprocher de Dieu, et quelle que puisse être sa mentalité religieuse, lui donner une âme de chrétien ?

CHAPITRE IV

La tactique de la Démocratie chrétienne

*La Démocratie chrétienne n'est ni un parti politique
ni un parti confessionnel. — Elle est un parti social. — Explications. — Qu'est-ce que la Démocratie chrétienne ? — Qu'est-ce qu'un parti ? — Le
« gouvernement des curés ». — Opinion de l'abbé
Gayraud. — Les nécessités de la situation. — La
réforme individuelle ne suffit pas. — Les leçons de
l'histoire. — L'erreur des socialistes. — Conquêtes
à l'intérieur. — Glorification de l'Église par le
peuple. — Les ouvriers de la cause. — Espérances.*

La Démocratie chrétienne n'est pas un parti
confessionnel, pas plus, d'ailleurs, qu'elle n'est
un parti politique ; la démocratie chrétienne est,
avant tout, un parti social.

Elle n'est pas un parti politique, car elle peut
s'accommoder, à la rigueur, de toutes les formes
de gouvernement qui veulent respecter ses prin-

cipes, quoique la forme républicaine paraisse
plus conforme à son tempérament.

Elle n'est pas davantage un parti confessionnel,
car même les non-pratiquants peuvent lui appartenir, en vertu de ce christianisme latent, qui est
au fond de toutes les âmes droites. Ses partisans,
quelque attachés qu'ils soient aux lois de l'Église,
n'imposent, lorsqu'il s'agit de l'œuvre sociale,
aucun des modes particuliers qui extériorisent le
sentiment religieux, laissant à chacun le soin de
voir ce qu'il doit faire, en présence de sa
conscience et en présence de Dieu.

Cette question du parti confessionnel ou non
confessionnel a soulevé bien des polémiques, et
il n'est peut-être pas inutile d'y insister plus longuement.

Et d'abord, rappelons notre définition de la
Démocratie chrétienne.

La Démocratie chrétienne, comme nous l'avons
dit plus haut, est un système social,

Qui a sa racine dans une doctrine précise et
absolue : le Christianisme ;

Qui met sa force au service des masses,

En vue de leur soulagement matériel et de
leur relèvement moral.

Exigeant :

A titre de conséquence nécessaire : une organisation protectrice des petites gens :

A titre de conséquence contingente : une amélioration et une élévation de leur condition, avec leur participation effective au travail social ;

Où l'autorité, s'appuyant pour cela tantôt sur le côté matériel et tantôt sur le côté moral.

Gouverne la société de la façon la plus propre au développement commun, harmonique et simultané de tous ses membres, en vue de leur faciliter la possibilité d'atteindre leur fin, qui est Dieu.

Et maintenant, qu'est-ce qu'un parti confessionnel ?

Premièrement, qu'est-ce qu'un parti ?

Littré donne douze définitions de ce mot ; contentons-nous de celle qui nous concerne. D'après Littré, un parti est : « Une union de plusieurs personnes contre d'autres qui ont un intérêt, une opinion contraire. »

Secondement, que signifie le mot confessionnel ?

Littré le définit : « Qui a rapport à une confession de foi. »

En sorte que, pour être un parti confessionnel, il nous faudrait exclure de nos rangs tous ceux qui, ayant un intérêt conforme au nôtre et professant nos opinions sociales par où ils pourraient être de notre parti, n'admettraient pas dans leur intégrité absolue tous les dogmes de notre foi.

Eh bien ! c'est ce que nous ne voulons pas.

Nous croyons avec Tertullien qu'il y a par le monde des hommes « naturellement chrétiens », et qui, pour des raisons qu'il appartient à Dieu seul de juger et d'apprécier, n'ont pas en eux l'intégrité absolue de notre foi.

Si ces hommes reconnaissent que le Christianisme a une doctrine sociale admirable ;

Si ces hommes nous estiment et veulent travailler près de nous à soulager les petits, à remettre en honneur les lois du Décalogue, qu'ils regardent avec Le Play — Le Play disait cela avant sa conversion — comme le code nécessaire des sociétés ;

S'ils acceptent le point de départ de notre doctrine, les lois sociales du Christianisme, son but spécial, ses moyens, son mode d'action, son but général ;

S'ils respectent nos convictions ;

Refuserons-nous leur concours parce qu'ils ne croiront pas tous les articles du *Credo* catholique ; parce que — pour donner un exemple — ils n'accepteront pas l'infaillibilité du Pape ou le dogme de l'Immaculée-Conception, ignorant le plus souvent, d'ailleurs, ce que ces dogmes peuvent signifier ?

Parce qu'ils ne signeront pas l'engagement de ne jamais manquer la messe, de faire leurs pâques, de jeûner les Quatre-Temps, etc., refuserons-nous de prendre contact avec eux par les points où ce contact est possible ?

Et, ainsi, de parti-pris, nous éteindrions la mèche qui fume encore ;

Nous découragerions les bonnes volontés ;

Nous ne tiendrions aucun compte de cette doctrine si belle, qui met dans l'âme de l'Église beaucoup de ceux qui croient ne pas lui appartenir !

Eh bien ! nous ne le voulons pas.

Voilà pourquoi les démocrates chrétiens refusent de se considérer comme une petite chapelle ;

Voilà pourquoi, dès que notre définition de la démocratie est admise, nous n'allons pas demander à nos adhérents de montrer patte blanche.

N'oublions pas, en outre, que le parti « confessionnel » suppose l'intervention de la hiérarchie ecclésiastique. Or, le corps électoral se lèverait tout entier pour approuver les pires persécutions contre ceux qui feraient mine de vouloir ramener le « gouvernement des curés ». Il ne paraît pas, d'ailleurs, que les évêques veuillent s'engager dans cette voie. Nous ne sachons pas que beaucoup aient répondu à la mise en demeure qui leur a été faite tant de fois, même quand cette intervention devait être limitée au seul terrain de l'enseignement.

Autant que d'autres nous avons la prétention de connaître les droits spéciaux que l'Église tient de sa mission divine, et la nécessité d'en assurer l'exercice pour le bien des âmes et la gloire de Dieu : mais nous ne croyons pas qu'à l'heure actuelle il puisse y avoir là un chapitre spécial de nos revendications. Ce serait mieux, sans nul doute ; mais l'important n'est pas d'aller au mieux ; il faut aller au possible et ne pas nous croire dans un monde idéal, où tous les rêves se doivent réaliser.

Ainsi pense l'abbé Gayraud dans son beau livre sur les *Démocrates chrétiens* :

Le parti démocratique, dit-il, obéissant à la volonté de Léon XIII [1], fait appel à tous les « honnêtes gens » et n'exige pas de ses membres une profession de foi catholique. On peut en effet, sans avoir cette foi, admettre les principes sociaux chrétiens et travailler à la réforme sociale chrétienne, car ces principes, considérés d'ordinaire comme faisant partie des vérités purement rationnelles, sont reçus chez tous les peuples civilisés. Un parti composé de la sorte n'est évidemment pas un parti confessionnel. En outre, cette expression paraît plutôt propre à désigner un parti qui se proposerait précisément pour but le triomphe d'une confession religieuse. Tels furent jadis la Ligue catholique et le Parti protestant. Or les démocrates chrétiens poursuivent avant tout la réorganisation chrétienne de la société, et non pas l'établissement d'un culte ou la pré-

1. Cf. l'Encyclique du 16 février 1892, sur le « ralliement » à la République, et la Lettre du 22 juin de cette même année à Mgr l'Evêque de Grenoble.

pondérance politique et civile d'une religon sur les autres dans l'Etat. Par conséquent le terme de parti confessionnel ne s'appliquerait pas avec justesse à leurs groupements.

Quoi, dira-t-on, les démocrates chrétiens ne se proposent pas de faire prévaloir les revendications religieuses des catholiques, d'abolir ou du moins de reviser les fameuses « lois intangibles », de reprendre à l'anticléricalisme toutes ses conquêtes ?

Je réponds, en toute franchise, que tel n'est pas précisément le *but spécial* du parti démocratique chrétien ; mais que ce sera, dans l'avenir, le *résultat prévu* de l'action sociale démocratique et chrétienne. En attendant, les démocrates ne laissent passer aucune occasion de revendiquer, au nom des principes démocratiques, le respect de la conscience religieuse des catholiques et les libertés nécessaires à l'Eglise. N'est-ce pas là lutter contre l'anticléricalisme sectaire [1] ?

Et à ceux qui seraient tentés de nous demander pourquoi, dans ces conditions, nous continuons d'appeler chrétienne notre Démocratie, il sera facile de répondre que c'est parce que, selon la parole de Léon XIII, elle « s'inspire de la *raison* éclairée par la foi ».

Et l'abbé Gayraud, dans son magnifique discours de Lyon [2], a très nettement développé ce point.

1. *Les Démocrates chrétiens*, par l'abbé Gayraud, p. 152.
2. Discours de l'abbé Gayraud à Lyon ; Cf. *La France libre* du 22 octobre 1898.

Remarquez, dit-il, que Léon XIII ne veut pas dire que la démocratie ne doive *en rien* s'inspirer de la raison ; il dit seulement que la démocratie, pour être chrétienne, ne doit pas s'inspirer de la *raison seule*, mais aussi de la foi.

Or, la foi catholique sera l'inspiratrice de la démocratie si celle-ci se souvient d'abord que la *règle fondamentale des rapports sociaux* n'est pas l'égalité de nature et le contrat social imaginés par Rousseau, ni la seule nécessité naturelle que les hommes ressentent de s'entr'aider pour subvenir aux divers besoins de la vie : d'où l'on veut extraire une loi de solidarité, impuissante à lier les consciences et à former les mœurs sociales ; mais le *fait révélé* de la fraternité des hommes en Dieu.

La démocratie s'inspirera de la foi, si elle se souvient ensuite que l'Etat n'est pas le principe et la source des droits et des devoirs, mais que sa fonction est plutôt de reconnaître, de garantir et de faciliter à chacun le libre exercice de ses droits et le libre accomplissement de ses devoirs, et que, pour bien remplir cette fonction, il doit se soumettre lui-même à la loi morale.

Il faut enfin que la démocratie, pour être chrétienne, reconnaisse qu'il existe, pour sauvegarder les intérêts moraux et religieux de l'homme, une société d'origine divine, dont l'organisation et le fonctionnement doivent s'accorder, sans doute, avec la vie de la société civile, mais ne dépendent point par eux-mêmes de l'Etat.

Cette société est une force éminemment sociale et démocratique, car elle a pour objet de maintenir dans la conscience humaine la croyance en la fraternité des hommes, ainsi que les lois de justice et d'amour qui doivent régler les rapports individuels et sociaux.

Ainsi la démocratie s'inspirera des enseignements de la raison et de ceux de la révélation chrétienne.

En sorte que notre Démocratie est chrétienne sans constituer un parti confessionnel, et l'éloquent député du Finistère a tout à fait raison.

Nous sommes en présence de difficultés très dures, d'obstacles très difficiles à surmonter. Ce serait folie de grossir ces difficultés et de multiplier ces obstacles, en poursuivant un but qui, bon en soi, ne saurait encore être atteint. Aussi n'est-ce qu'au point de vue social et en nous réclamant du droit commun que nous défendons l'Église et que nous revendiquons ses droits.

Le résultat d'ailleurs est le même, quoique la tactique diffère, mais nous avons cet énorme avantage qu'ainsi nous ne faisons pas de petite chapelle. Nous entrons dans le grand courant, nous ne sommes pas des isolés.

*
 * *

Il en est, nous le savons, qui prétendent arriver au même résultat par d'autres moyens. Ils disent que, les institutions et les lois tirant leur valeur des hommes qui les conservent ou les appliquent, notre effort doit se porter, en premier lieu, sur la réforme individuelle ; ce qu'ils concrétisent en cette formule que l'on nous oppose

triomphalement : « Faites des chrétiens, et la
société se relèvera »; formule vraie, certes, mais
trop étroite, mais incomplète, et dont notre raison ne se contente pas.

Malgré la bonne foi de ceux qui parlent ainsi
et s'érigent en oracles, nous ne pouvons les suivre dans cette voie qui ne nous paraît pas, nonobstant certaines assurances plus ou moins intéressées, devoir conduire à un résultat. Car, outre
que ce « dogme » n'est défini nulle part, il nous
suffit d'ouvrir l'histoire pour constater combien
les faits en contredisent les gratuites affirmations.
Est-ce que, sans insister davantage, durant les
trois premiers siècles, l'Église ne fit pas d'admirables et victorieux efforts pour christianiser les
individus ? Il y eut alors une merveilleuse efflo-
rescence de sainteté, mais cela n'empêcha qu'il
fallût attendre trois siècles pour voir poindre à
l'horizon les premières lueurs d'un ordre social
chrétien. Lueurs bientôt évanouies, car ces vel-
léités de restauration sociale selon l'idée chrétienne ne s'étant pas incarnées dans des institutions bien déterminées, le travail commencé fut
interrompu. Puis la décadence ayant continué,
le vieux monde romain, malgré la générosité de
ses martyrs, la pureté de ses vierges, la sainteté
de ses confesseurs, n'ayant plus à son service
que la vertu individuelle, sans organe pour recevoir la vertu sociale, s'écroula pitoyablement.

Dans son beau livre des *Moines d'Occident*,

Montalembert s'est arrêté, un instant étonné, en présence de cette douloureuse constatation.

Comment, dit-il, le Christianisme, tiré des catacombes pour être placé sur le trône des Césars, n'a-t-il pas suffi pour régénérer les âmes dans l'ordre temporel comme dans l'ordre spirituel, pour rendre à l'autorité son prestige, au citoyen sa dignité, à Rome sa grandeur, à l'Europe civilisée la force de se défendre et de vivre ? Comment la puissance impériale, réconciliée avec l'Église, tomba-t-elle de plus en plus dans le mépris et dans l'impuissance ? Comment cette alliance mémorable du Sacerdoce et de l'Empire ne servit-elle à empêcher ni la ruine de l'État ni la servitude et le déchirement de l'Église ?

Jamais il n'y eut de révolution plus complète ; car ce ne fut pas seulement son émancipation que célébra l'Église en voyant Constantin prendre le labarum pour étendard, ce fut encore une alliance entière et intime entre la croix et le sceptre impérial. La religion chrétienne cessait à peine d'être proscrite, que déjà elle devenait protégée, puis dominante. Le successeur de Néron et de Dèce allait siéger au premier concile général et recevoir le titre de défenseur des saints canons. Comme on l'a dit, la république romaine et la république chrétienne joignaient leurs mains dans celles de Constantin. Seul chef, seul juge, seul législateur de l'univers, il consentait à prendre des évêques pour conseillers et à donner force de loi à leurs décrets. Le monde avait un monarque : ce monarque était absolu ; nul ne songeait à discuter ni à contenir un pouvoir que l'Église bénissait, et qui se glorifiait de la protéger [1].

---

1. *Les Moines d'Occident*, l. I, p. 4.

Nous savons, nous, ce qu'on peut répondre à la question que le noble comte se posait. C'est que, malgré d'admirables efforts, le Christianisme qui imprégna les âmes n'arriva pas à imprégner les institutions de la société ; il était, sans doute, dans les desseins providentiels de construire un monde nouveau. Et l'Irlande, dans sa longue et mystique histoire, et l'Italie du XIIIe et du XIVe siècle, ne font-elles pas constater le même fait?

Aujourd'hui, comme alors, le mal n'est pas simplement *individuel*, il est *social* ; il s'attaque à l'organisation générale et aux institutions, aussi bien qu'aux individus. Dieu a fait l'homme *social*, la société est le moyen *obligé* de son perfectionnement, de son ascension vers le souverain Bien. Si donc l'instrument est meilleur, meilleur sera aussi le perfectionnement, plus rapide et moins incertaine l'ascension vers Dieu. On essayera de nous répondre que c'est avec les individus qu'on fait les sociétés, et que de mauvaises planches ne peuvent faire un bon vaisseau. C'est vrai ; mais qui oserait dire qu'il suffit d'avoir de bonnes planches pour que le navire soit construit?

S'il n'y a rien de plus, les planches resteront en tas sur le sol du chantier. Longtemps on a cru qu'il suffisait de changer les Chambres et le gouvernement pour ramener le bon ordre dans notre pays : ayons des députés, ayons des ministres « conservateurs ». Eh bien non ! et nous con-

naissons tous d'excellents « conservateurs » auxquels on a toujours donné le nom de catholiques...
Dieu nous préserve de les avoir jamais pour gou-
vernants.

*
* *

De quelque manière qu'on envisage la situation,
le fait est là, devant nos yeux. Le rôle du peuple
— il paraît inutile de discuter pour savoir si c'est
à tort ou à raison — grandit chaque jour, et un
devoir rigoureux s'impose aux catholiques de ne
pas tenir systématiquement l'Église en dehors de
cette grande et irrésistible poussée qui entraîne
la société vers des rivages nouveaux. Que faisons-
nous pour préparer à cet état les masses proléta-
riennes qui tiennent en leur puissance le secret
de l'avenir? que faisons-nous pour leur éducation
civique, scientifique, esthétique et morale? pour
'es amener à une vie supérieure, plus complète,
plus humaine? pour leur donner plus de franchise, plus de justice, plus de bonheur? pour les
empêcher, enfin, de tomber dans la démagogie qui
les guette et vers laquelle certains voudraient les
entraîner, afin d'en tirer quelque profit et de
ramasser de l'argent ou des honneurs, l'un et
l'autre parfois, au milieu des ruines amoncelées
par la Révolution?

Telles sont les questions que doit se faire

chacun d'entre nous et qui, à l'heure actuelle, demandent une prompte réponse. Or, la réponse nous semble imposer la nécessité d'une double action. Une action sociale travaillant à faire aboutir les revendications économiques sur lesquelles nous avons déjà appelé l'attention et d'autres qui en découlent nécessairement; une action politique dans le but de conquérir le pouvoir, afin, d'une part, de mettre les ressources gouvernementales au service de la réforme que nous poursuivons; afin, d'autre part, de contrôler de très près les élus du peuple et de faire disparaître cette anomalie que nous voyons aujourd'hui : le mandataire légalement maître de léser tous les intérêts du mandant.

Disons cependant que si ces deux actions doivent s'appuyer ordinairement l'une sur l'autre, il importe qu'elles ne soient pas confondues, afin que, ne partageant pas les mêmes responsabilités, elles ne soient pas exposées à se nuire réciproquement. La grande erreur du parti socialiste a été de confondre son action sociale et son action politique. C'est peut-être cette déviation qui nous sauvera en causant sa perte, à peu près tout son programme pratique consistant aujourd'hui à favoriser la fortune des politiciens. La grande majorité des syndicats socialistes deviennent des comités électoraux, et la plupart des grèves sont, de fait, une préparation plus ou moins prochaine aux élections.

Pour éviter de tomber dans ces errements, surtout pour être fidèles à nos principes et à l'esprit de notre programme, il nous paraît nécessaire d'inviter les intéressés eux-mêmes à défendre leurs droits. A notre avis, ainsi que nous le dirons plus loin, la conception d'une classe appelée dirigeante et providentiellement chargée de faire le salut d'une autre est une conception aussi fausse qu'antidémocratique. Si nous étudions l'histoire, nous verrons que, sauf quelques exceptions individuelles, le propre de ces classes prétendues dirigeantes fut toujours l'égoïsme. Il est arrivé parfois qu'en travaillant à leur salut, elles ont travaillé pour tous, et ce fut grand bonheur pour la masse ; mais — ne nous en étonnons pas, le fait est très humain et, à ce point de vue, les classes dites inférieures ne valent pas mieux — chacun cherchait sa propre satisfaction ou son propre salut.

C'est sur ce terrain, difficile à la vérité, solide cependant, que déjà s'engage la lutte dans laquelle les démocrates chrétiens ont pris leur place au premier rang. Mais le travail ne consiste pas seulement à faire des conquêtes à l'extérieur, nous devons d'abord conquérir beaucoup dans l'intérieur. Car, ne le dissimulons pas, nous avons rencontré nos premiers adversaires dans cette riche oligarchie catholique, qui, puissante par le fait de ses richesses, ne veut rien relâcher de ce qu'elle croit son droit à la prééminence, soit dans le parti catholique, soit dans les affaires de l'État. La lutte sera douloureuse, ne l'est-elle pas déjà ? Le reproche que Henri IV faisait à Grégoire VII, rude soldat de la justice : « *Tibi favores ab ore vulgi comparasti* : Tu flattes le peuple, » etc., on nous le fait aussi, et combien amèrement ! mais nous ne devons pas reculer pour cela. Combattre ceux qui s'opposent à notre action, ce n'est pas ce qu'on appelle tirer sur ses troupes, mais bien plutôt se débarrasser des *impedimenta*. D'ailleurs, dans cette classe, une sélection ne tardera pas à s'opérer par la force même des choses. Une partie de l'oligarchie dont nous parlons, riche, puissante et orgueilleuse, ayant constaté qu'il faut désormais renoncer à s'attacher l'Église, se séparera d'elle, plus ou moins violemment, après avoir crié à l'ingratitude, clameur impuissante à laquelle rien ne viendra faire écho. L'autre partie, au contraire, et nous espérons qu'elle sera la plus nombreuse, s'attachera alors loyalement à la mère commune, non pour s'en servir, mais pour la servir, au premier ou au dernier rang.

Et ce sera l'heure de la grande œuvre de l'Église sur le peuple et de la glorification de l'Église par le peuple. Heure unique dans l'histoire ; car, même dans les siècles chrétiens du passé, vainement nous essayerions de la retrouver. Jadis, le peuple était fidèle, mais le pouvoir appartenait aux légistes, et souvent l'Église était opprimée ;

maintenant le peuple gouverne, mais comme il n'est plus chrétien. le sort de l'Église n'en devient pas meilleur. C'est donc sur ce point que doivent se concentrer nos efforts : le retour du peuple à la foi par l'enseignement du christianisme intégral appliqué à tous les éléments sociaux, réglant plus étroitement nos relations avec le prochain, travaillant surtout à faire respecter les droits des petits.

Cette action est-elle au-dessus des forces que peut nous donner la foi chrétienne ? Loin de nous cette pensée. Car nous sentons qu'il y a encore assez de sang dans nos veines, et de sève en nos âmes, pour fournir à ce labeur tous les ouvriers dont il peut avoir besoin : des prêcheurs et des docteurs pour infuser l'esprit chrétien dans les idées sociales et les sentiments sociaux ; des meneurs pour entraîner les foules vers l'idéal chrétien ; des organisateurs pour faire passer en acte les théories sociales chrétiennes ; des législateurs pour christianiser les habitudes, les mœurs, le régime et le gouvernement ; des saints — il eût fallu les nommer en premier lieu — pour faire descendre la grande bénédiction du ciel sur les combattants. Chacun choisira son poste, mais tous les postes seront occupés.

Ainsi nous pourrons suivre sans crainte et avec un intérêt fraternel la montée de la multitude, de cette masse énorme de travailleurs qui, n'étant plus perpétuellement angoissés par le dur souci du pain quotidien et l'insécurité de la vie, pourront enfin briser le carcan de fer qui les a étreints si longtemps, et qui, par le fait d'un état social injuste et souvent barbare, les retenait dans une servitude matérielle, intellectuelle et morale, dont aucune force humaine ne paraissait pouvoir les délivrer.

Et alors, sans perdre toutes ses terreurs, car notre vie sur cette terre est un pénible voyage, le présent nous apparaitra moins sombre. Et le Christ, une fois de plus, aura sauvé le peuple; le peuple dont il a eu pitié. Et — les vieilles races étant finies, les intellectuels peut-être déjà épuisés — nous pourrons demander à ce peuple la sève du rajeunissement et les espérances de l'avenir.

CHAPITRE V

Le programme de la Démocratie chrétienne

*La Démocratie chrétienne a-t-elle un programme ?
— L'inspiration évangélique. — Problèmes anciens
et nouveaux. — Progrès à rebours. — La science et
l'industrie. — L'encyclique Rerum novarum fournit
les éléments de notre programme. — Deux méthodes
d'apostolat. — Mal individuel et mal social. — Conséquences des principes. — Nos revendications. —
Point de vue politique. — Point de vue économique.
— Point de vue social. — Les institutions démocratiques. — Avantages de notre programme. — Retour
aux principes du droit naturel et du droit historique. — Intervention de l'État. — Le programme
de M. Toniolo.*

La Démocratie chrétienne a-t-elle un programme ?

A cette question que l'on pose souvent, il est
possible de répondre oui et non, tout en restant
dans la vérité.

Oui, la Démocratie chrétienne a un programme, si, par là, on entend une liste de revendications et de réformes qu'elle présente ou qu'elle appuie, aussi bien dans l'ordre politique que dans l'ordre économique et social. Ce programme ou plutôt ces programmes, car il en est plusieurs, différents par l'étendue, mais semblables par le fond, ainsi les catholiques récitent plusieurs *Credo*, ont été maintes fois rappelés.

Non, la Démocratie chrétienne n'a pas de programme, si on entend par là qu'elle a tracé elle-même les limites de sa pensée et de son action, de telle sorte qu'elle n'en puisse sortir.

A vrai dire, un parti a besoin de principes, beaucoup plus que de programme. Les principes sont choses permanentes, les programmes choses transitoires. Les premiers s'appliquent à tous les cas et sont pour tous les temps, les seconds varient forcément, selon les époques, les lieux, les circonstances diverses au milieu desquelles ils ont été élaborés.

Ce qui fait la force de la Démocratie chrétienne, c'est qu'elle a la conviction de n'être pas une doctrine nouvelle mise en présence de la doctrine catholique et essayant de s'accommoder avec elle, mais d'être comme l'application théorique et pratique des enseignements contenus dans l'Évangile, au point de vue politique, économique et social : Vous ne tuerez point, vous ne volerez

point, vous ne vous laisserez point aller à vos
passions, vous êtes tous frères, fils d'un même
Père qui est au ciel, etc... De là, cette tendance déjà signalée à réclamer en faveur des
la classe ouvrière où sont les premières vic-
times du mépris des saints commandements : de
là ces efforts pour développer le sentiment de la
responsabilité chez les hommes en favorisant
leur entrée dans la vie publique et leur participation, selon les lieux et les temps, à la conduite
des affaires de l'État.

Vivement impressionnés par les maux actuels
de la société, les démocrates chrétiens cherchent
à enrayer les progrès d'un certain individualisme
qui est la négation de la charité et dont la devise
peut se résumer dans le *struggle for life*, l'écrasement des petits ; et ils n'hésitent pas à réclamer
des mesures spéciales afin d'obliger les individus,
à ne pas abuser — nous disons abuser — de leurs
avantages individuels, même légitimes, pour se
mettre au-dessus des règles de la justice et de la charité chrétienne qui doivent tout inspirer. Dans ce
but, ils rappellent à notre société les éternels principes de la morale. Ils les lui rappellent surtout à
l'occasion des problèmes nouveaux qui se posent
aujourd'hui, ou à l'occasion de problèmes anciens
qui se posent d'une manière nouvelle, sous des formes singulières et imprévues, et que, trop souvent, nous avons vu résoudre en dehors de l'esprit
de justice et de l'esprit de charité. Car la morale,

comme dit excellemment M. l'abbé E. Blanc, « a reculé pendant que la science avançait, et ses échecs persévérants menacent de nous faire perdre d'un seul coup tous les avantages matériels que l'on se flattait d'avoir définitivement acquis[1] ».

Cette formule est très vraie ; il suffit de regarder autour de soi pour s'en convaincre.

La science nous a donné les chemins de fer, mais les chemins de fer ont condamné des milliers d'hommes à la servitude du travail de nuit alternatif ou régulier ; ils ont privé de leur dimanche des milliers d'ouvriers, et ont ainsi porté un coup terrible à la liberté, à l'esprit de famille, à l'esprit chrétien.

La science a merveilleusement développé l'industrie, et l'industrie a créé les cités ouvrières, centres de corruption et de misère ; elle a provoqué un puissant courant d'émigration des campagnes vers les villes, au grand détriment de la santé physique et de la moralité.

La science a organisé admirablement les facilités du commerce et des échanges, mais le commerce et les échanges ont engendré la haute banque, féodalité d'un ordre nouveau qui, plus redoutable que les barons pillards du Moyen-Age, ne s'est pas contentée de dépouiller les pèlerins et les marchands qui cheminaient sur les grand-routes, mais a mis la société tout entière en

---

1. E. BLANC, *Études sociales*, p. 245.

coupe réglée, et, directement ou indirectement, a
pressuré la multitude, devenue vassale, d'effroyable façon.

Le progrès est chose excellente, mais il ne faut
pas oublier que les hommes qui en appliquent
les découvertes ne sont pas parfaits. Si, dans
l'application des découvertes matérielles, les
hommes agissent en dehors des lois morales, ou
ne se préoccupent pas de rechercher de quelle
façon les lois morales doivent être appliquées, ce
qui était pour le bien devient un mal et la société
est ébranlée jusque dans ses fondements.

C'est pour réagir contre les abus multiples qu'a
engendrés, parmi nous, l'oubli des principes chrétiens, et pour rappeler à ceux qui en ont besoin
comment la loi de justice doit reprendre sa place,
que les démocrates se sont organisés en parti. Ils
savaient que les *beati possidentes* ne change-
raient rien à leur manière d'agir, s'ils ne sen-
taient devant eux des hommes d'énergie et qui
n'hésiteraient pas, le cas échéant, à dire à ceux
qui le méritent la parole du prophète au pécheur
royal : « *Tu es ille vir* : Le coupable, c'est toi. »
Et quelque difficile et parfois douloureuse que fût
une pareille tâche, ils n'ont pas hésité à la remplir. Certes, nous nous passerions de prendre
cette attitude militante, mais il faut bien l'accepter, si nous voulons servir la justice et guerroyer
pour ses droits. Nous espérons toutefois que cette
lutte n'aura qu'un temps et que la justice ayant

un jour définitivement vaincu, les deux camps se réuniront dans l'élan du même amour pour travailler de concert à l'épanouissement sur cette terre de la noble et sainte vertu de charité.

** **

Les éléments du programme de la Démocratie chrétienne se trouvent dans l'encyclique *Rerum novarum*. Après avoir mis en évidence les solutions que donne le document pontifical, notre œuvre consiste donc à étudier, à la lumière que dégagent ces enseignements, les questions posées devant la société d'aujourd'hui ou qui se poseront devant la société de demain. Car si on accepte les principes, il faut savoir accepter les conséquences. Parmi les catholiques, il en est qui considèrent l'Encyclique avec une sorte d'effroi. Les uns se demandent s'il n'est pas dangereux de la donner au peuple. Ils craignent de soulever des « questions irritantes », de réveiller le lion endormi, comme si déjà le lion ne poussait pas de terribles rugissements, ils craignent de « faire plus de mal que de bien ». Les autres, ayant entrepris je ne sais quel duel impossible avec la parole pontificale, qu'ils saluent de leur respect et de leurs dévotieuses révérences, l'expliquent et l'atténuent de telle façon qu'après leurs commentaires elle n'a plus de sens. Toujours en souci, on les voit tantôt se pendre à la sonnette des théologiens, tantôt faire antichambre chez les Préfets des Congrégations, afin, s'il est possible, de restreindre la portée de l'enseignement du Souverain Pontife, sous prétexte de le bien comprendre et de le mieux préciser. Grâce à eux et à cette lutte des ténèbres contre la lumière dont ils ont été les obstinés soldats, on a pu, même depuis l'Encyclique, reprocher aux catholiques de n'avoir point de programme économique et social, et il a fallu faire des efforts inouïs, aller jusque dans les clubs et les tavernes, pour que le peuple s'aperçût enfin que l'Eglise avait une doctrine sociale, et que l'Evangile était un Evangile de justice jetant l'anathème à toutes les iniquités.

C'est donc en nous appuyant sur l'Encyclique que nous prenons notre part de l'immense travail de restauration des droits violés, que nous recherchons quels sont les organes qui manquent à notre état social pour l'équilibrer et l'empêcher de tomber dans la ploutocratie, si la lutte engagée entre les gros et les petits donne la victoire à l'argent; pour l'empêcher de tomber dans l'anarchie, si la victoire, est-il impossible de le supposer? reste en définitive aux miséreux.

*\
* *

Il faudrait un volume pour développer le programme de la Démocratie chrétienne. Comme nous ne pouvons en donner ici tous les détails, contentons-nous d'indiquer les grandes lignes et de jalonner le chemin.

Des principes que nous avons exposés découlent, tout naturellement, les droits qui donneront naissance à la plupart des articles inscrits au chapitre de nos revendications :

Le droit au pain, afin que l'homme puisse conserver sa vie ;

Le droit à la famille, une famille que l'homme puisse nourrir et voir à d'autres moments que la nuit ;

Le droit au repos hebdomadaire, afin que l'ouvrier surmené par un labeur sans trêve ne tombe pas fatalement dans la déchéance physique, intellectuelle et morale que ce surmenage doit engendrer ;

Le droit à la maladie, de telle sorte que l'homme qui travaille ne soit pas exposé à mourir de faim ou à voir mourir les siens, s'il est obligé de s'arrêter par suite d'un accident ou d'un affaiblissement de santé ;

Le droit à l'instruction, pour que tous nos

frères aient la possibilité de donner quelque culture à leur intelligence, par la lecture et le contact des grandes œuvres qu'a produites l'esprit humain ;

Enfin le droit au salut, c'est-à-dire, pour les travailleurs, la possibilité de s'occuper de leur âme, de pratiquer leur religion et de rendre à Dieu, au jour fixé par sa loi sainte, nous voulons dire chaque dimanche, le témoignage de leur adoration et de leur amour.

Evidemment, ces droits divers ne peuvent être sur le même plan pour tous ; les inégalités naturelles ou les supériorités acquises établissent forcément des différences ; toutefois il nous paraît cependant absolument nécessaire qu'il y ait un minimum admis par tous et au-dessous duquel chacun reconnaisse qu'il y a violation de la loi de justice.

Au point de vue politique, la Démocratie chrétienne réclame une organisation normale du suffrage universel, le mode actuellement en vigueur étant essentiellement anarchique et incapable de donner de bons résultats ; la représentation professionnelle, afin que les élus du peuple représentent des intérêts, et non pas une coterie politicienne quelconque dont l'habileté ou l'audace parvient à capter la confiance des collèges électoraux ; la représentation des minorités, afin que le pays ne soit pas fatalement divisé en

deux camps, le camp des vainqueurs et le camp
des vaincus ; la décentralisation administrative,
ce qui ne veut pas dire le simple déplacement du
siège des administrations sans rien céder des
droits prétendus de l'Etat.

Au point de vue économique. la Démocratie
chrétienne voudrait une législation ouvrière protectrice des petits métiers et du petit commerce
contre tous les monopoles, établissant la durée
maxima de la journée ouvrière, défendant le travail de nuit et la violation du dimanche, imposant dans les adjudications publiques le minimum
de salaire, le repos dominical, l'assurance obligatoire, et supprimant le marchandage ; une loi
sur les accidents, sur les conseils de conciliation
et d'arbitrage, sur la retraite obligatoire pour
tous. Elle réclame, en outre, la réglementation
de la concurrence, des mesures restrictives
concernant les opérations de bourse, la poursuite
de l'usure sous toutes ses formes, la participation
du travail à la prospérité de l'industrie, la coo-
pération ouvrière de crédit, de consommation et
de production ; enfin un nouvel établissement
de l'impôt sur les bases destinées à le rendre
sagement et équitablement progressif.

Au point de vue social, le programme inscrit
d'abord la liberté religieuse, une société ne pouvant vivre sans foi ; l'accession rendue possible
à chacun vers la propriété privée ou collective,
afin d'assurer, par l'indépendance économique,

la liberté civile et politique de chaque citoyen,
revendication fort éloignée d'ailleurs des revendications socialistes qui, poussant le principe à
l'excès, veulent établir un niveau économique
dont le moindre inconvénient serait de ramener
l'esclavage le plus oppresseur ; enfin la diffusion,
dans la plus large mesure possible, des biens de
l'esprit et du corps, pour aider à l'élévation générale et intégrale des masses laborieuses, par un
plus complet développement [1].

Pour cela, les démocrates chrétiens estiment
que les institutions les plus importantes à créer
sont : *dans l'ordre politique,* le referendum qui
permettra à la nation de juger elle-même, et en
dernier ressort, de ses plus graves intérêts ; *dans
l'ordre économique,* le régime corporatif ou
organisation des professions en corps autonomes

---

1. M. l'abbé Gayraud, dans l'ouvrage dont nous avons
déjà parlé, résume très nettement en trois points les
éléments de notre programme :

Les démocrates chrétiens demandent à la démocratie
de prendre :

a) Pour règle fondamentale des institutions politiques
et civiles, l'égalité des citoyens devant la loi ;

b) Pour base de l'organisation sociale, le respect des
droits que l'individu et la famille, éléments constitutifs
de la société, tiennent de Dieu, et dont l'Etat a pour mission de garantir et de faciliter le libre exercice ;

c) Pour loi essentielle de l'ordre économique, l'organisation professionnelle des travailleurs, quelle que soit
leur fonction dans la vie nationale.

Cf. *Les Démocrates chrétiens,* p. 24.

avec droit de propriété et de juridiction professionnelle sur leurs membres, de représentation
dans l'un des grands corps élus ; des chambres
de travail, d'agriculture et d'industrie pour
veiller au développement et à la protection de ces
forces vives du pays ; et, au moins, en attendant,
la création obligatoire des syndicats parallèles
avec chambres syndicales communes composées
de patrons et d'ouvriers, pour l'établissement
normal des termes du contrat de travail ; *dans
l'ordre social*, la liberté complète de toutes les
associations qui ne poursuivent pas un but
contraire au bon ordre, et la constitution du bien
de famille pour arrêter en leur chute tant de
malheureux qui glissent sur les pentes du prolétariat et qui, déchus fatalement de leur dignité
d'hommes, deviennent un danger parfois redoutable pour la société[1].

Là, certes, n'est point tout notre programme,

---

1. M. Toniolo résume de la manière suivante le programme de la démocratie chrétienne. Nos lecteurs pourront constater combien nous sommes d'accord avec le
savant professeur de l'Université de Pise ; et que nous
avons simplement concrétisé et déterminé l'application
des principes que M. Tonolio a exposés.

Reconstituer, dit M. Toniolo, protéger, encourager avec
l'aide d'une législation (nationale et au besoin internationale), parmi les classes laborieuses, la liberté personnelle et l'autonomie de la famille, considérée comme
la première cellule de la recomposition sociale ;

Multiplier parmi ces éléments constitutifs les associa-

mais, comme nous avons eu déjà occasion de le
dire, c'est de ce côté qu'ont été tournés les premiers efforts des démocrates et des chrétiens
sociaux, parce que c'est de ce côté que se trouvent
les pires oppressions. Au sein d'une civilisation
puissante et d'un régime industriel toujours
grandissant, on trouve des masses d'hommes
physiquement et moralement misérables. La
femme est arrachée au foyer de la famille désor-
ganisée, l'enfant jeté trop tôt à l'usine est arrêté
dans son développement, enfin l'ouvrier, surmené, livré à lui-même, sans instruction, sans
morale, sans principes, se prend à haïr de plus
en plus une société marâtre, et toute une armée
s'organise dans l'ombre, prête à se ruer à
l'assaut du vieil ordre social.

tions économiques, qui les uniraient par de nouveaux
liens d'intérêt et relèveraient leur condition matérielle ;

Consolider plus tard ce tissu de libres associations
par des institutions corporatives permanentes, qui attri-
bueraient aux classes populaires une existence orga-
nique et une représentation civile.

Cette triple œuvre sociale de reconstitution devra être
précédée, accompagnée et complétée par un travail
pénétrant au fond des âmes. Par l'influence de la religion
et de ses trésors surnaturels, par l'éducation et l'instruction populaires correspondant à cette action, on amènera
les masses à estimer chrétiennement la dignité morale
de la personne humaine, la sainteté de la famille, la
noblesse du travail, à reconnaître ensuite la véritable
valeur sociale de la classe laborieuse, ses devoirs et ses
droits, correspondant à une fonction légitime en harmonie avec les autres classes dans l'ordre général de la

Voilà pourquoi notre première bataille s'est livrée sur le terrain de la défense des faibles et des petits.

Le programme dont nous venons de tracer les grandes lignes a sur beaucoup d'autres cet incontestable avantage qu'il est un programme positif ; peut-être même est-il le seul, avec le programme socialiste, qui puisse présenter un système complet. Les programmes qu'on leur oppose sont plutôt négatifs. Ils disent bien ce qu'ils ne veulent pas, mais ils ont l'air de ne pas savoir ce qu'ils veulent ; et, dans ces conditions, fatalement ils seront absorbés.

Enfin notre programme a cet avantage qu'il peut être accepté de tous ceux qui, sous des formes gouvernementales diverses, veulent l'ascension populaire vers le Christianisme. Nous avons dit qu'il nous paraît devoir s'accommoder plus facilement avec la forme républicaine ; tou-

société. Il faut enfin insinuer. réveiller et entretenir dans ces masses laborieuses la *conscience de classe*.

Tel est le programme social. Voici maintenant le programme politique :

Se servir du système actuel du suffrage universel (quelle qu'en soit la valeur ou la défectuosité) pour élire des représentants spéciaux (*delegati*) de la classe ouvrière à côté des autres, au sein des Parlements modernes ; par ce moyen, obtenir une équitable législation sociale économique, puis une réforme du système parlementaire

tefois on peut aisément constater qu'il ne renferme rien d'essentiellement incompatible avec la monarchie héréditaire et l'aristocratie, pourvu que ces deux régimes prennent leurs racines dans les services actuels rendus au peuple et cessent de vouloir s'appuyer sur des privilèges familiaux que rien ne justifie désormais.

On voudra bien constater qu'en somme notre plan est très simple et qu'il n'est point nécessaire de bouleverser de fond en comble l'ordre social pour le réaliser.

C'est que, et il est facile de s'en convaincre avec un peu de réflexion, nous ne faisons que revenir aux principes du droit naturel et du droit historique déjà signalés. Si, dans tel ou tel cas donné, nous réclamons l'intervention de l'Etat, c'est parce que le désordre est partout et qu'au milieu du désarroi universel, l'Etat est la seule puissance qui ait encore le moyen de faire quelque chose. Mais cette intervention n'est pour

lui-même sur la base de la représentation autonome des classes ;

Limiter éventuellement l'omnipotence législative du Parlement par l'appel au vote direct de toute la population convenablement organisée, c'est-à-dire par le *referendum* populaire ;

Introduire des modifications ultérieures dans *la forme du gouvernement*, de façon que la direction et l'action de celui-ci reflètent mieux les besoins, les traditions, les sentiments, les désirs légitimes de la nation, et qu'il y ait correspondance plus intime entre la base et le sommet de l'Etat.

nous qu'une nécessité de circonstance. La réorganisation telle que nous l'avons conçue a précisément pour but de la diminuer dans la plus large mesure, ne laissant à l'Etat que le pouvoir indispensable pour le fonctionnement normal d'une société.

Nous ne nous inquiétons pas des préjugés à vaincre et des obstacles à renverser, les uns et les autres sont nombreux ; qu'importe ! Nous savons ce que nous voulons, et nous le voulons fermement. N'y a-t-il pas en cela des raisons de croire que nous pouvons avoir confiance en l'avenir ?

CHAPITRE VI

La Démocratie chrétienne
à travers les âges

Pas de démocratie chez les anciens. — L'éducation des peuples par le Christianisme. — La démocratie au Moyen-Age. — Un bourgeois au XIIIe siècle chez nous. — La vie communale de la vieille France. — Parallèle : autrefois et aujourd'hui. — Un village de l'ancien temps. — Les étapes de la démocratie. — L'œuvre des légistes et l'absolutisme royal. — Mgr Dupanloup, M. de Falloux et les principes de 1789. — L'œuvre sociale de l'Eglise. — Le réveil de 1830. — Son caractère. — Les catholiques sociaux. — L'encyclique Rerum novarum. — Circonstances nouvelles. — Les démocrates chrétiens. — Leurs progrès. — Sagesse et prudence.

C'est bien improprement que les historiens nomment démocratique l'état social de certains peuples de l'antiquité; et nous avons déjà dit que les anciens, à proprement parler, n'ont pas connu la démocratie. Rome notamment n'a jamais été qu'une aristocratie, et nous voyons les diverses révolutions aboutir toujours à une poussée nouvelle vers l'oligarchie. C'est à son profit exclusif que, dès le temps du roi Servius, l'aristocratie d'argent se substitue au vieux patriciat. De l'ordre équestre le pouvoir passe au corps des proconsuls, puis viennent les triumvirs, enfin les duumvirs ouvrent la porte à la monarchie. La monarchie nourrira la plèbe pour éviter les émeutes de la faim, mais la plèbe n'aura aucune situation politique. Le système municipal lui-même, qui forme le droit commun de l'Empire, restera aristocratique jusqu'au bout, reposant sur un petit nombre de citoyens.

D'ailleurs, à Rome, comme à la Grèce, nous aurons occasion d'y revenir dans un des chapitres suivants, manqua toujours l'un des éléments premiers de la constitution du régime démocratique, nous voulons dire : la vraie notion de la liberté.

La personne humaine, dit Fustel de Coulanges[1], comptait pour bien peu de chose, vis-à-vis de cette autorité sainte et presque divine qu'on appelait la cité, la patrie ou l'Etat. Aussi la vie de l'homme n'était-elle garantie par rien, dès qu'il s'agissait de l'intérêt public. Les plus grands citoyens pouvaient être frappés, sans être coupables, par cela seul qu'ils étaient réputés dangereux. C'est ainsi qu'Aris-

---

1. Fustel de Coulanges, *La Cité antique*, p. 269.

tide fut expulsé d'Athènes, et que Rome fit une loi qui permettrait de tuer tout homme qui aurait l'intention de devenir roi. Le droit, la justice, la morale, tout devait céder devant l'intérêt de l'Etat.

Les gouvernements de la Grèce et de Rome changèrent plusieurs fois de forme; mais aucune de ces révolutions ne donna aux citoyens la vraie liberté, la liberté individuelle. Malgré toutes ses transformations, l'Etat resta le même, c'est-à-dire maître absolu de tout. On ne concevait pas qu'il pût y avoir des droits vis-à-vis de lui. C'est donc une erreur singulière, entre toutes les erreurs humaines, de croire que, dans les cités anciennes, l'homme jouissait de la liberté; il n'en avait pas même l'idée.

Il n'y a point, en effet, de liberté véritable et, par suite, de véritable démocratie, là où les institutions publiques n'acceptent pas, dans toute son intégrité, l'idée du droit, c'est-à-dire l'inviolabilité de l'homme qui accomplit son devoir. Si l'action que je pose dans le but d'accomplir mon devoir ne trouve pas sa raison d'être dans une loi supérieure et absolue, si elle n'existe qu'en vertu de ma volonté, comme ma volonté en vaut une autre, il n'y a aucune raison pour que la volonté contraire à la mienne respecte « mon droit ». Ce que j'appelle « mon droit » pourra être *inviolé* si je suis le plus fort, mais il ne sera pas, pour cela, *inviolable*, car la force n'a qu'un temps.

La notion du droit implique donc une connaissance claire et distincte du devoir, dictée par une

puissance devant laquelle doivent s'incliner tous
les hommes; puissance absolue qui seule peut
écarter la prédominance de la force et, en toute
discussion, avoir le dernier mot. Ce principe
étant admis, il est facile de comprendre pourquoi
les peuples païens furent toujours inaptes à la
démocratie, n'ayant point su reconnaître ou
accepter la puissance qui impose le devoir et
détermine la loi. Ils revendiquèrent et établirent
les droits du citoyen, ils ne surent pas respecter
les droits de l'homme; Rome et la Grèce, qui
vécurent sur l'exploitation des esclaves, sont là
pour l'affirmer. Ce fut seulement après l'appari-
tion du Christianisme que l'esprit humain se
dégagea des obscurités qui, sur ce point, enténé-
braient son intelligence. L'idée de responsabilité
fut alors envisagée selon sa véritable valeur et le
principe de l'inviolabilité individuelle fit son
entrée dans le monde pour sauvegarder le droit
dans l'accomplissement du devoir.

Ainsi le Christianisme a été la grande force
éducatrice de l'humanité, non seulement au point
de vue individuel, mais encore au point de vue
social. Il a développé les principes de vérité que
Dieu, dès le commencement, avait déposés dans
notre âme, mais qui avaient été comme étouf-
fés ou annihilés par la prédominence des sens.
Affranchissant la pensée humaine, il l'a mise en
possession du vrai, a sollicité par là sa volonté
vers le bien, a extériorisé cette volonté en des

actes conformes à la loi ; et, réclamant l'inviolabilité individuelle comme condition de l'accomplissement de ces actes, il a rendu possible la fidélité
au devoir. Dès lors commencèrent les sociétés
nouvelles, et un état social se révéla que ne connaissaient pas les anciens.

C'était déjà un prodigieux effort et une grande
victoire. Mais comme les causes subsistaient
contre lesquelles la doctrine de Jésus-Christ avait
combattu, comme la nature humaine n'avait
point été transformée, de toute nécessité l'effort
devait se poursuivre, la lutte continuer et le
Christianisme devenir le compagnon de route de
la civilisation nouvelle qu'il avait engendrée.
Or cela est si vrai que nul ne doute de la réper-
cussion immédiate et profonde que sa disparition ou son éloignement aurait eue sur l'ensemble du corps social. Au reste, l'histoire
nous montre surabondamment que le mépris
du droit, l'oubli du devoir, la prédominance
de la force brutale, ont une étroite corrélation
avec l'affaiblissement de l'idée ou de l'action
chrétiennes. Aussi, comme écrit M. P. Cottin [1] : « Le moyen de faire apparaître et de
développer le droit dans une société, c'est d'y
faire apparaître et d'y développer ce même christianisme éducateur nécessaire », car l'homme

1. Comte P. Cottin, *Le Livre du XX° Siècle*, p. 41.

« développant ou combattant l'idée chrétienne
marche à la civilisation ou s'enfonce dans la barbarie ».

*
* *

Si les anciens n'ont pas connu la véritable
démocratie, il est vrai de dire cependant, et les
pages précédentes expliquent pourquoi, que l'idée
démocratique, au moins dans sa forme sociale,
a régné jadis sur l'Europe chrétienne. Ce que
nous voyons aujourd'hui n'en est que la reprise,
après un temps d'arrêt marqué par l'avènement
de la monarchie absolue. Le Moyen-Age, loin de
considérer le pouvoir comme une jouissance
héréditaire et sans responsabilités, y voyait une
charge reçue de Dieu, pour le bien du peuple et,
par suite, prenait les attributs de la souveraineté
simplement comme un moyen d'exercer cette
charge. Il repoussait ainsi nettement la théorie
des droits absolus.

D'après la conception du Moyen-Age, le roi
n'était qu'un fonctionnaire ; le premier du
royaume, sans doute, mais un fonctionnaire
cependant. Ii était obligé de respecter les lois
antérieures et les droits acquis, sous peine de
déposition, déposition que les peuples ne se faisaient pas faute de réclamer, le cas échéant,

lorsqu'il s'agissait de sauvegarder les droits de la justice et de la liberté.

Mais l'idée démocratique, au Moyen-Age, ne résidait pas uniquement dans les limites assignées à l'exercice du pouvoir royal; elle pénétrait partout. Et partout son action première avait pour effet de relever la dignité de l'homme et de lui donner, pour la sauvegarde de ses droits, la plus grande somme possible de liberté.

Supposons, dit M. Guizot, qu'un bourgeois du XIIe ou du XIIIe siècle vienne visiter une de nos villes actuelles. Il s'enquiert de ce qui s'y passe, de la manière dont elle est gouvernée, du sort des habitants. On lui t qu'il y a hors des murs un pouvoir qui les taxe comme il lui plaît, sans leur consentement; qui convoque leur milice et l'envoie à la guerre, aussi sans leur aveu. Il apprend qu'un fonctionnaire administre de loin les affaires de la commune et leur dicte des lois; que, sans son autorisation, les habitants n'ont nul droit de s'assembler, de délibérer en commun sur ce qui les touche. On lui dit que la commune n'a pas le droit de choisir ses juges ou de se régir par ses coutumes; on lui dit enfin que la cloche de leur église ne les appelle plus pour délibérer sur la place publique ou dans le lieu saint. Le bourgeois du XIIIe siècle demeure confondu. Mais la scène change. Un Français du XIXe siècle pénètre dans une commune du Moyen-Age : il se trouve dans une espèce de place forte défendue par un peuple armé. Ce peuple se taxe, élit ses magistrats, juge, punit, s'assemble pour délibérer sur ses affaires. Tous viennent à ces assemblées; ils font la guerre ou des alliances pour leur compte avec ou contre leurs seigneurs; ils ont une milice, un drapeau, un blason; ils battent monnaie, s'imposent des lois, réforment leurs coutumes; en un mot, ils se gouvernent, ils sont souverains. Le Français du XIXe siècle ne peut en croire ses yeux.

Et alors, s'il a l'idée de revoir l'histoire et de suivre le développement de l'idée chez ses aïeux, notre contemporain aperçoit, dès l'origine, l'intervention de l'Eglise, défendant, soutenant, revendiquant les droits de la dignité humaine et et de sa liberté. Ce sont d'abord les évêques, qui, après le départ des fonctionnaires gallo-romains, fondent nos premières institutions représentatives et remplacent par le conseil autonome le pouvoir césarien éminemment oppresseur. Puis viennent les conciles mixtes, assemblées générales et solennelles composées d'évêques et de laïques réunis pour traiter des questions religieuses, civiles et politiques, et en délibérer librement. Des assemblées populaires ouvertes aux bourgeois et aux manants se tiennent aussi, sous la présidence des évêques, dans les églises ou en plein air.

Le régime électif se trouve à la base de toutes les institutions sociales. Ce principe était poussé si loin, que, même dans les familles où la couronne était héréditaire, nous avons vu, aux origines de la monarchie, l'élection confirmer le choix fait entre les fils du roi. Nulle oppression ne s'établit sans résistance, et on cherche l'utilité de

tout ce qui se présente avant de lui offrir un cer-
tificat de durée. La féodalité fut d'abord une déli-
vrance ; dès qu'elle devint un instrument de
tyrannie, on put prévoir que ses jours étaient
comptés. Aussi l'histoire nous fait-elle assister
aux solennelles assises où se jurèrent la *Paix*,
puis la *Trêve de Dieu ;* où les faibles, associés
pour résister aux oppresseurs, fondèrent le peuple, prenant pour charte souveraine le fameux
décret du concile de Latran en 1167, proclamé
par la bouche d'Alexandre II : « Tous les chrétiens
sont libres de *droit.* »

Puis le courant démocratique s'accentue : le
gouvernement du peuple par le peuple devient
un fait de plus en plus général.

Le droit de faire des règlements était réservé
exclusivement aux bourgeois (habitants du bourg).
Le vote des impôts, la quotité à fixer par habitant,
les projets de construction de ponts, d'adduction de
cours d'eau, d'établissement de routes, toutes
dépenses enfin intéressant la commune, étaient
réservés à l'initiative populaire. Pour l'exercice et
l'accomplissement des décisions prises, les habitants
nomment un délégué qui prend le titre de syndic,
échevin, maire, etc., suivant les localités ou le
pays. Ce délégué est nommé pour un temps déterminé, et révocable, le plus souvent, s'il n'accomplit
pas son mandat à la satisfaction de ses mandants.
Très souvent aussi, il est désigné par le seigneur ;
mais il ne peut représenter la commune que si son
choix est ratifié par l'élection. Dans d'autres cas, ce
sont les habitants qui le désignent et le seigneur qui

consacre ce choix. Le mode d'élection varie à l'infini. Mais, plus tard, à la suite de grands désordres, la royauté crut devoir intervenir dans l'élection des maires, quand il s'agissait de villes importantes ; ils étaient, d'ailleurs, toujours choisis parmi les plus honorables habitants. Quand la commune était importante, on lui adjoignait un ou deux aides. Ces fonctions étaient gratuites. Le maire était le mandataire des habitants ; il recevait et dépensait l'argent en en rendant compte aux assemblées ; il les convoquait, lisait les procès-verbaux. les rédigeait au besoin : il soutenait aussi les procès engagés et avait le soin et la garde des archives [1].

Et l'auteur auquel nous empruntons les lignes qui précèdent fait un curieux parallélisme entre les libertés communales d'autrefois et les libertés d'aujourd'hui.

LE PASSÉ :	LE PRÉSENT :
Les habitants se gouvernent eux-mêmes.	La commune est gouvernée par des mandataires qui peuvent être révoqués.
Ils se réunissent librement.	Le droit de réunion est soumis à l'autorisation.
Le conseil de la commune ne doit de comptes qu'à ses mandants.	Le conseil de la commune doit faire approuver ses comptes par le préfet et lui donner le résultat de ses délibérations.
Libre vote et répartition des impôts.	C'est le gouvernement central qui taxe.
Libre disposition des biens communaux.	Toute décision est réservée aux préfets.
La commune choisit les agents proposés à sa garde.	C'est le ministre de l'intérieur qui assure l'ordre par l'organisation des préfets.

1. Cf. *XXe Siècle*, juillet 1897. Histoire sociale de l'Eglise.

LE PASSÉ :	LE PRÉSENT :
Liberté de l'école.	Toutes les charges sont imposées sans consentement. La liberté et l'autorité du père sont violées. Les programmes sont imposés de force.
Liberté du culte et de l'Eglise.	Le gouvernement a mis la main sur tout ce qui touche au culte. Le maire est un potentat qui peut violer la liberté de conscience de ses administrés.
Les magistrats sont nommés par le peuple.	C'est le gouvernement central qui les impose.

Voilà le véritable gouvernement démocratique : les intéressés eux-mêmes s'occupent de leurs affaires. Et, chose curieuse qui nous permettra de constater combien, au moins sur un point, nous avons rétrogradé, cette forme de gouvernement démocratique n'exclut aucun des ayants-droit ; et même les femmes, les veuves, les filles y ont leur part, du moment qu'elles y ont des intérêts [1].

Voici ce qu'on pouvait voir, dit M. Albert Babeau [2], avant 1789 dans les villages de France, certains dimanches de l'année. La messe ou les vêpres venaient de se terminer ; les fidèles sortaient en foule de l'église. Tandis que les femmes regagnaient leurs demeures, les hommes, vêtus de leurs habits de fête, s'arrêtaient et conversaient entre eux. Les cloches sonnaient, appelant les habitants à l'assemblée de la communauté. Elle se tenait d'ordinaire devant la porte de l'église, à l'ombre des vieux arbres et du

1. Cf. XXe *Siècle*, juillet 1897, Histoire sociale de l'Eglise.
2. ALBERT BABEAU, *Le Village sous l'ancien régime.*

clocher ; et là, soit debout, soit assis sur les murs du
cimetière ou du gazon, les hommes se groupaient
autour du juge local, du syndic ou du praticien, qui
leur exposait la question sur laquelle ils devaient
exprimer un avis ; ils délibéraient ensuite, souvent
d'une manière simple et sommaire, quelquefois avec
force, et lorsque leur délibération était terminée, ils,
votaient à haute voix, soit pour la décision à prendre,
soit pour l'élection des agents et des employés de la
communauté.

L'auteur de l'excellent travail sur l'*Histoire
sociale de l'Eglise*, que nous avons déjà cité,
résume ainsi les étapes successives du progrès
démocratique chez nos aïeux[1] :

Première étape : La doctrine chrétienne se répand,
s'infuse dans les idées et les mœurs du monde
romain. La maxime du Christ : « Aimez-vous les uns
les autres », prévaut sur l'égoïsme païen.

Deuxième étape : Sous l'influence de cet esprit
arrive la période des affranchissements qui se produisent avec une intensité considérable. La législation s'inspire de l'esprit chrétien, qui reçoit le droit
de cité.

Troisième étape : L'esclave des champs devient le
colon romain, avec redevance envers l'Etat seulement ; celui des métiers devient ou professionnel
libre ou domestique de la maison, considéré un peu
comme membre de la famille du maître. La féodalité
se fonde pour garantir la possession du sol aux
paysans et la sécurité du pays.

Quatrième étape : Les métiers se forment en asso-

1. *XX' Siècle, l. c.*

ciations ; les paroisses se fondent et forment des corps armés, destinés à défendre le pays, à aller aux croisades ou à assurer leur autonomie vis-à-vis de la féodalité devenue oppressive. Le colon d'État devient le serf seigneurial ; l'ouvrier des villes, le bourgeois. Pour le premier, contre le seigneur, la communauté s'est fondée ; pour le second, contre le féodal, l'association corporative et la commune. Des usages, des libertés très grandes, une autonomie à peu près complète, ont amené une grande indépendance des habitants, qui veulent ces droits reconnus par contrat soit du seigneur, soit du roi. Ce sera la commune franche, affranchie c'est-à-dire libre de toute entrave extérieure. Enfin, le serf peut lui-même devenir seigneur.

Cinquième étape : Bourgeois et manants veulent participer aux affaires plus générales du pays. Dorénavant, ils seront admis dans les assemblées provinciales. Ils siégeront à côté des grands, du clergé et de la noblesse. Les descendants des anciens esclaves forment à présent le tiers-état ; ceux à qui on ne reconnaissait aucun droit légifèrent à présent au nom de leurs concitoyens.

Sixième étape : Enfin, ils ont conquis le pouvoir politique ; leur voix aura une autorité, une valeur auprès de celle des grands du royaume et leur parole se fera entendre dans les États généraux.

Ainsi, à mesure que l'on avance dans les siècles chrétiens, le respect de la dignité de l'homme s'accentue et, avec le concours de l'Église, se manifeste dans un continuel effort pour défendre, protéger, relever les humbles et les petits. C'est dans ce but, qu'en France, jusqu'à François Ier,

3**

un contrat n'était authentique que si l'évêque l'a-
vait revêtu de son sceau, après examen par le tri-
bunal de l'Officialité chargé de voir si toutes les
règles de la justice avaient été observées. L'influence des légistes fit supprimer cette coutume,
et le faible devint la proie du fort, sans aucun
appel.

L'absolutisme royal, que les mêmes légistes,
aidés par la restauration du droit romain, finirent
par implanter dans l'Europe chrétienne, arrêta
pour un temps la marche des peuples vers l'état
démocratique. Mais l'idée vivait toujours ; et le
mouvement qui fit explosion à la fin du siècle
dernier ne fut, en réalité, que le réveil de choses
que l'on avait pu croire mortes et qui étaient à
peine endormies. Le tiers-état, c'est-à-dire la
bourgeoisie non encore classée, sut détourner le
fleuve et le canaliser à son profit ; néanmoins cet
escamotage ne devait avoir qu'un temps. En réalité, les vrais principes de 1789, les principes sur
lesquels se rédigèrent les cahiers et se firent les
élections à la Constituante, furent les principes
d'une saine démocratie, principes de tradition
et de progrès, d'ordre et de liberté, qui faisaient
effort pour entrer de nouveau dans le droit positif
de la nation. C'est de ces principes que parlait
jadis Mgr Dupanloup au nom de l'école libérale qui
se réclamait de lui, lorsqu'il écrivait dans le livre

de *La Pacification religieuse*[1] : « Nous acceptons, nous invoquons les principes et les libertés en 1789. »

Le comte de Falloux, insistant sur le même sujet, écrivait à son tour[2] :

Quand les peuples, quand les partis qui aiment à se donner pour des peuples, engagent entre eux quelques-uns de ces dialogues qui ont pour dénouement une révolution, ils ne s'accordent pas le temps nécessaire aux périphrases et aux définitions nuancées. Ils choisissent un mot bref, rapidement saisissable, ils en font un étendard, puis ils courent au combat pour ou contre lui. Quatre-vingt-neuf est un de ces mots, un de ces cris alternatifs de ralliement et de discorde, de paix et de guerre. Avant donc de rayer à toujours ce mot de la langue chrétienne, avant de prendre contre lui une attitude positivement agressive, il faut y réfléchir. Non seulement quatre-vingt-neuf défini et interprété comme il doit l'être par tous les hommes sages, n'a rien d'antichrétien, il n'a même rien d'antimonarchique. Quand on l'envisage de sang-froid, on y reconnaît une date plutôt qu'une origine. Ah ! ces brèves syllabes ne contiendraient pas tant de choses, ne soulèveraient ou n'apaiseraient pas magiquement de soudaines tempêtes, si elles ne représentaient que l'improvisation d'une assemblée effervescente. Les utopies de la Constituante, les crimes de la Convention ont laissé derrière eux la méfiance et la terreur. C'était là l'œuvre de la Révolution proprement dite, l'œuvre

1. Dupanloup, *La Pacification religieuse*, p. 306.
2. Cité par E. Spuller, *Hommes et choses de la Révolution*, p. 323.

de la passion et de l'aveuglement, l'œuvre du 14
juillet et du 6 octobre, du 20 juin et du 10 août. Ce qui
a survécu était l'œuvre de la monarchie et l'œuvre
du temps. Ce n'est pas dans une sanglante prome-
nade avec des têtes aux bouts des piques, ce n'est
pas à l'assaut des Tuileries ou de la salle des Feuil-
lants que sont nés les trois ou quatre principes
devenus la base des sociétés modernes. Ils sont nés
des efforts, des pensées, des réformes, autant que
des fautes de la monarchie durant deux siècles.

*
* *

Donc, peu à peu, le peuple avait pris conscience
de son droit à intervenir plus largement et plus
effectivement dans le gouvernement de la « République », chacun acceptant ses responsabilités
selon la limite de ses facultés et de ses droits. La
masse laborieuse qui, jadis, consentait à être conduite, voulait conduire, ou du moins, se conduire
à son tour. Poursuivant son ascension graduelle
vers une instruction plus complète, une moralité
plus sérieuse, un bien-être plus étendu, afin
d'être *compos sui*, d'appuyer sur une réelle indépendance économique la défense de ses droits de
citoyens et d'augmenter son influence politique, le
peuple se sentait de plus en plus apte aux fonctions civiles ; aussi demandait-il à gérer lui-même
ses affaires, à administrer sa vie, son bien propre, sous son entière responsabilité, et par les

moyens qu'il jugeait les meilleurs ; tout cela, du reste, en conformité avec les traditions de notre pays. « Le premier mouvement, la première naissance et vie de ce droit civil, écrivait Guy Coquille, à la fin du XVIe siècle, est en la volonté des États de province. Le roi, en autorisant et confirmant ces coutumes, y attribue la vie extérieurement, qui est la manutention et exercice de ce droit... Les commissaires ordonnés par le roi pour présider ces assemblées d'États les ont autorisées en y inspirant la puissance de loi. Mais, en effet, c'est le peuple qui fait la loi. »

Et cela rappelle les vieilles assemblées de nos pères, les plaids généraux dont les décisions étaient précédées de ces formules nettement démocratiques : « Il a plu, il a été convenu entre les Francs, tous les Francs ; le peuple, tout le peuple ; les hommes libres, » etc.

Sans doute, comme nous l'avons dit, l'absolutisme royal était venu interrompre ces traditions et la marche ascensionnelle du peuple vers son mieux-devenir politique, économique et social ; il est même curieux de remarquer que c'est presque au lendemain du jour où Henri III déclarait « qu'il n'entendait faire lois fondamentales en son royaume que par l'avis de ses États », que commençait l'ère d'absolutisme dont la France a tant souffert et dont la monarchie devait mourir.

Mais si le mouvement avait subi un temps d'ar-

rêt, il n'était pas étouffé, et le développement
logique des choses devait le ramener fatalement.
Voilà pourquoi La Mennais en saluait la reprise
dès 1830 et écrivait dans l'*Avenir* : « Comme dans
la famille, il vient une époque où, par la nécessité même des choses, l'enfant qui a crû en intelligence devient naturellement libre de la même
liberté que le père, il vient également une époque
où, par la même nécessité, les peuples qui ont
aussi crû en intelligence deviennent naturellement libres comme les pères de la grande famille.
C'est le temps de leur royauté, et ce temps est
venu pour les peuples chrétiens ». Et ailleurs :
« Nous assistons à une grande mort et une grande
naissance ; seulement, nous voyons la tombe, et
le berceau est encore voilé. »

** **

L'Église, toujours prête, lorsque les principes
sont respectés, à donner son concours aux éléments nouveaux qui prennent leur place dans la
structure du corps social, avait vu, sans étonnement, le progrès de la démocratie au sein du peuple chrétien. Pourquoi, d'ailleurs, s'en serait-elle
effrayée ? L'œuvre qui s'accomplissait, ce développement normal des droits du peuple, n'était
pas une forme nouvelle du dogme, mais une cou-

séquence logique de l'Évangile. Le livre divin a
été confié aux études des docteurs et aux médita-
tions des saints. Durant les dix-neuf siècles écou-
lés, ni les docteurs ni les saints n'en ont encore
pu exprimer toute la substance, et l'heure semble
venue de développer plus particulièrement sa
force interne pour l'organisation de la société.
C'est donc l'œuvre sociale de l'Église, œuvre
brusquement interrompue par la Réforme, qu'il
nous faut reprendre aujourd'hui. L'Église avait
relevé le peuple abîmé dans la plus na-
vrante des situations. Travaillant d'abord à
détruire l'esclavage, elle avait employé toute son
influence pour améliorer, pour rendre plus
humaine la condition des humbles et des petits.
L'esclave était ainsi devenu le serf, puis le vilain.
La Paix de Dieu, l'affranchissement des communes, le rachat des droits féodaux, avaient continué
l'œuvre entreprise, marquant les diverses étapes
d'un progrès très significatif vers l'indépendance
économique de plus en plus assurée par le régime
corporatif, et donnant, dès lors, une force nouvelle et le plus solide point d'appui aux revendications politiques et sociales qui croissaient en
même temps.

Le réveil catholique de 1830 fut la continuation
de ce mouvement. Repris après la chute de
La Mennais par Lacordaire, Montalembert et leurs
amis, disciples plus sages que le maître et qui,

formés par lui, ne le suivirent pas dans ses errements, il trouva de tous côtés des hommes au
cœur ardent et à l'âme généreuse qui se dévouè-
rent à la tâche ingrate de rappeler à un monde
gâté par la lèpre envahissante de l'individualisme, que la société est une grande famille, que
le principe de fraternité est son principe consti-
tutif et qu'il faut respecter la vie humaine considérée sous toutes ses formes, la respecter dans
son existence, la respecter dans son développement.

Ce qui caractérise la mentalité des militants de
cette époque, c'est l'amour parfois un peu prud-
hommesque et pas toujours bien défini pour la
liberté. D'autre part, on n'aperçoit pas encore
très nettement tous les tenants et les aboutissants
de l'idée démocratique ; mais les catholiques s'o-
rientent, préparent le terrain et invoquent le
droit de l'Église d'intervenir dans les conflits du
monde moderne et dans l'élan général des peuples
vers le progrès. Des chrétiens se lèvent qui ne
veulent pas réduire la religion à un rôle purement rituel, mais cherchent à lui rendre sa place
et son influence légitime dans le grand combat
qui se livre et d'où dépendent les destinées des
nations. Cet enseignement, dont l'*Avenir* avait
posé les grandes thèses avec un éclat si retentis-
sant, aurait eu besoin de se mettre, sur plus d'un
point, en règle avec l'orthodoxie, de prendre notamment une forme plus théologique, de préciser

ses affirmations et d'en montrer d'une manière bien nette les contours et l'enchaînement avec le dogme chrétien.

*
* *

Le mouvement subit un nouveau temps d'arrêt et sembla sommeiller sous le second Empire ; mais après la chute du régime napoléonien, il reprit, avec une force nouvelle, sa marche en avant. Un groupe de catholiques comprenant des hommes de haute valeur et appartenant à tous les pays se consacra à cette œuvre, reprenant l'étude des lois économiques envisagées d'après les principes chrétiens. Ils se rendirent compte des nécessités de la situation, répandirent des idées, habituèrent les esprits qui réfléchissent à cette affirmation qu'il y a un ordre social chrétien et que cet ordre social est capable de restaurer les droits universellement violés par le régime païen au milieu duquel nous vivons. En Allemagne ce mouvement eut pour initiateur un évêque ; en Autriche, il se réclama du patronage des grands seigneurs ; en Suisse, il sortit du peuple ; en Belgique, il fut inauguré par un théologien et des professeurs ; en Hollande, il vit à sa tête un prêtre député ; en Amérique, ses promoteurs furent un évêque, un archevêque et un cardinal ; il eut son point de départ dans les congrès en Espagne et en Italie ; tandis que, chez nous, ses plus ardents propagateurs furent quelques gentils-hommes, un industriel, plusieurs prêtres publicistes et orateurs, de jeunes hommes, appartenant pour la plupart au journalisme et à l'Université.

Ainsi un état d'esprit se formait parmi les catholiques et on sentait que quelque chose se préparait pour l'avenir. « Le jour où le courant portera sur le trône de saint Pierre un Pape animé des sentiments du cardinal Gibbons et du cardinal Manning, écrivait en 1887 M. de Vogüé, l'Église se dressera dans le monde comme la plus formidable puissance qu'il ait jamais connue. »

Ce jour vint, le 15 mai 1891, et l'encyclique *Rerum novarum* marqua une date nouvelle dans l'œuvre d'affranchissement que l'Église avait commencée dès le matin de la Pentecôte, lorsque saint Pierre prêcha la vérité qui délivre au peuple assemblé.

L'encyclique *Rerum novarum*, dans un exposé splendide, restaura la science sociale d'après les données de l'Évangile de Jésus-Christ. Continuant la pure tradition chrétienne, reprenant, avec la doctrine des bulles et des encycliques des grands pontifes sociaux du Moyen-Age, l'enseignement des vieux docteurs, elle indiqua aux individus leurs devoirs et leurs responsabilités, non seulement par rapport à leur conscience individuelle, mais aussi, mais surtout, en tant qu'ils sont des êtres sociaux ; leur imposant, à ce double point de vue, l'observation de la grande règle chrétienne : *Erudiens nos... ut sobrie, juste et pie vivamus*, selon la parole de l'Église ; tandis qu'elle enseignait au « prince » le respect des lois de Dieu et de son Église par l'État et dans l'État ; combattant à la fois l'anarchie, qui est une exagération de la liberté, et le despotisme, exagération de l'autorité.

Les circonstances, certes, étaient bien changées, et les applications de la doctrine évangélique aux nécessités de notre temps différaient absolument des applications requises par les âges passées. Dans l'ordre économique, le développement de la grande industrie et du machinisme avait provoqué une crise effroyable, bouleversé le monde du travail et augmenté dans des proportions inouïes la classe des prolétaires, de ceux qui, vivant dans la perpétuelle insécurité du lendemain, peuvent craindre à chaque instant, et même sans qu'il y ait de leur faute, d'aller grossir l'armée immense des sans-logis, des sans-le-sou, des crève-la-misère et des meurt-de-faim. Dans l'ordre politique et social, s'affirmait de plus en plus l'évolution démocratique universelle, dont le cardinal Goossens disait tout récemment : « Quelles que soient nos convictions personnelles sur les avantages ou sur les dangers de la démocratie, une chose est certaine, son avènement est inévitable », tandis que Léon XIII lui-même semblait, dans l'encyclique *Immortale Dei*, donner à ce fait une sorte de consécration : « Bien plus, on ne réprouve pas en soi que le peuple ait sa part plus ou moins grande au gouvernement ; cela même, en certains temps et sous certaines lois, peut devenir non seulement un avantage, mais un devoir pour les citoyens. »

Mais qu'importent à l'Église les circonstances nouvelles et les modifications sociales amenées par le temps ? En ses mains elle tient la vérité, et la vérité, étant éternelle, peut et doit s'accommoder à toutes les circonstances, à toutes les modifications, à tous les temps. La vérité ne repousse d'une manière absolue que le mal. Gardons-nous, cependant, de confondre le mal avec ce que nous ne connaissons pas, encore moins d'identifier nos préjugés avec le bien.

*
* *

Le discours prononcé par M. de Mun à Saint-Etienne en 1892, discours dont le programme fut officiellement approuvé par le Saint-Père, les vœux du congrès tenu à Rome en 1894 et qui reçurent la même explicite approbation, accentuèrent les enseignements de l'Encyclique et en élargirent les horizons.

Alors, du gros de cette armée nouvelle composée de catholiques se détacha un groupe de soldats d'avant-garde qui, dans l'immense travail entrepris pour la restauration des droits violés, poussa plus loin les conséquences. Sans nier la diversité des conditions, ces hommes en contestaient l'inégalité envisagée, au moins, comme on l'avait fait, jusqu'à ce moment; ils croyaient que tout n'était pas dit sur les droits du peuple; surtout ils pensaient que Dieu, ayant fait du salut dans l'ordre surnaturel une œuvre individuelle, il n'y avait pas de raison péremptoire pour qu'il n'en fût pas de même dans l'ordre social; et rompant avec le dogme des « classes digeantes », ils appelaient les intéressés à travailler eux-mêmes à l'œuvre de leur régénération. Ces hommes sont les promoteurs du mouvement démocratique chrétien.

Il y a quelque vingt ans, le terme démocratie était difficilement admis par les catholiques. Les uns, esprits simples, confondant sans hésitation la démocratie avec la démagogie, représentaient ce « monstre » sous la forme d'une bacchante échevelée, parcourant les nations une torche à la main et laissant partout des ruines sur son passage. Les autres, plus savants, recouraient à l'étymologie et parlaient gravement, pour démontrer scientifiquement que démocrate était synonyme d'hérétique : Dieu étant le seul maître des hommes, la souveraineté du peuple une erreur dûment et formellement condamnée, etc., etc.

Ainsi pensaient la plupart des catholiques.

Plusieurs voix, sans doute, voix fort éloquentes, s'étaient élevées pour protester contre une exécution si sommaire. Après La Mennais, Lacordaire et Montalembert, après l'école de l'*Avenir* si malheureusement frappée de discrédit, quelques écrivains avaient repris le mot et salué la chose ; mais ces maîtres n'avaient pas fait de disciples ; et nul n'osait se dire démocrate et chrétien.

Cependant le temps allait sa marche, les choses suivaient leurs cours. Un travail se faisait dans les esprits, des doctrines que certains prétendaient nouvelles, que leurs défenseurs disaient être aussi vieilles, plus vieilles que le monde, puisqu'elles étaient selon la vérité de Dieu, s'affirmaient hautement, et, à la suite de Léon XIII, réclamaient pour le peuple plus de liberté et plus d'égalité. « La liberté vraie et désirable, dans l'ordre public, dit, en effet, l'encyclique sur la *Constitution chrétienne des Etats*, est celle qui trace de sages règles aux citoyens, *facilite largement l'accroissement du bien-être* et *préserve de l'arbitraire* d'autrui la chose publique. Cette liberté honnête et digne de l'homme, l'Église l'approuve au plus haut point, et pour en garantir aux peuples la ferme et intégrale jouissance elle n'a jamais cessé de lutter et de combattre...

Tout ce qui est utile à *protéger le peuple contre la licence des princes* qui ne pourvoient pas à ses besoins, tout ce qui *empêche les empiéte-ments injustes de l'État* sur la commune ou la famille, tout ce qui intéresse l'honneur de la personnalité humaine et *la sauvegarde des droits égaux de chacun*, tout cela, l'Église catholique en a toujours pris soit l'initiative, soit le patronage, comme l'attestent les monuments des âges précédents. »

Enfin, lorsque l'heure fut venue, un jour, dans les assemblées tumultueuses, comme dans les congrès aux auditeurs choisis, on vit des hommes, des catholiques, des prêtres, se lever et fièrement se réclamer du titre de démocrates chrétiens. On s'étonna d'abord : on dit que la mode serait courte de cette singulière innovation ; mais les nouveaux venus, eux, avaient confiance en l'avenir. Se sentant appuyés par toute la grande tradition catholique, ils continuèrent leur route et poursuivirent leur œuvre. Hier ils étaient une poignée, ils sont une armée aujourd'hui. Hier ils allaient chez les autres, aujourd'hui on vient chez eux : à Reims, à Paris, à Lille, à Lyon et ailleurs, ils ont tenu leurs congrès, congrès extraordinairement vivants ; à Paris et en province, ils ont leurs revues, leurs journaux ; ils ont publié leurs livres, ils ont même leurs almanachs. Ce parti est une force, ses adversaires commencent à ne plus oser le traiter d'hérétique ; et si on se déchaîne parfois avec tant de violence contre lui, c'est qu'on lui suppose — est-ce à tort ? — la pensée de se substituer aux autres groupements et d'être le parti de l'avenir.

Certes il n'en est pas encore là, mais il ne faut pas oublier que son action extérieure est encore toute nouvelle. Durant plusieurs années, ses hommes ont fait leur chemin en silence, étudiant, observant de toutes manières, faisant leurs enquêtes, éprouvant leurs méthodes de travail, préparant leurs recrues ; et il n'a pas tenu à eux que cette préparation ne fût continuée encore quelque temps. Ce n'est pas de bon gré qu'ils sont sortis de l'ombre où ils avaient cru utile jusqu'à ce jour de se renfermer : mais leurs adversaires n'ont pas eu assez de patience. Croyant que nous n'étions qu'un parti de « jeunes », sans « expérience ni science », ces adversaires ont engagé la bataille, avec la conviction qu'il suffirait de quelques efforts pour nous anéantir.

Nous avons résisté.

Et grand fut leur étonnement, lorsqu'ils constatèrent que ce parti, qui leur paraissait composé seulement de quelques enfants perdus, constituait une école véritable, avec ses maîtres, ses disciples et ses organes d'enseignement, qu'il avait des journaux et des revues aux quatre coins de la France, que la *Démocratie Chrétienne* et la *Croix du Pas-de-Calais* menaient la campagne dans le Nord, la *Sociologie Catholique* et la

Croix Méridionale dans le Midi, l'*Avenir* dans le Sud-Est, l'*Echo de l'Ouest* et l'*Ouest-Eclair* en Bretagne, le *Sillon* et la *Vie Catholique* à Paris, sans compter les autres, et la *Justice Sociale* partout ; que le vieil *Univers* lui prêtait l'appui de sa puissante doctrine, que la *Quinzaine* lui tendait la main, que le *Peuple Français* la saluait fréquemment. Sans orgueil, nous pouvons dire que nous avons conquis notre place au soleil, et que, sur tous les terrains, nous avons planté notre drapeau.

S'agit-il de bataille de presse : qui osera dire que nos écrivains ne valent pas les autres écrivains ? S'agit-il de paraître devant le peuple : qui osera dire que nos orateurs font mauvaise figure à côté des autres orateurs ? S'agit-il de prendre le bâton de voyage et d'aller par les cités et les campagnes réfuter les mécréants ou répandre la semence de vérité : qui osera dire que nos missionnaires se laissent devancer par d'autres missionnaires, que nos semeurs ne valent pas d'autres semeurs ? Et quand il a fallu répondre à l'appel de l'Eglise et du Pape, est-ce nous qui avons été en retard ?

Il n'est pas question ici de la gloire d'un homme ou de quelques hommes, mais de montrer la vitalité puissante de notre groupe, de notre école, de cette chère Démocratie chrétienne dont chacun de nous veut n'être qu'un obscur soldat, mais dont, par suite, chacun de nous a le droit d'être fier et veut user de ce droit. Les démocrates chrétiens n'aspirent ni à la révolution ni à la domination; ils se contentent de vivre et de faire leur route. Travaillant au triomphe de la justice et de la vérité, ils ne croient pas qu'il y ait sur la terre un pouvoir assez fort ou des hommes assez mauvais pour les arrêter en ce chemin.

Et s'ils se trompent, l'Église est là pour le leur dire.

Le jour où ils entendront sa forte et toujours aimée parole condamnant leur doctrine et leurs efforts, les démocrates chrétiens n'hésiteront pas à se taire. Bien plus, ils seront heureux de briser leur plume et de fermer leurs livres. Car la plus grande des douleurs pour un catholique est d'écrire une ligne ou de dire un mot qui pourrait ne pas être dans le sens de l'Église, malgré ses apparences de justice et de vérité.

Mais, pour cela, il faut la parole de l'Église, et les démocrates chétiens ont la ferme conviction que si leurs adversaires attendent cette parole pour les enterrer, ils attendront longtemps.

Toutefois si les soldats ne doivent pas se décourager dans leur marche en avant, ils ne doivent pas non plus oublier de regarder sans cesse en arrière, si le gros de l'armée les suit. La Mennais imprudent a retardé d'un demi-siècle l'évolution sociale de la Papauté; ne l'oublions pas.

CHAPITRE VII

La Démocratie chrétienne et les conservateurs. L'œuvre des cercles catholiques

Les conservateurs. — Ce qu'en pensent : MM. Piou, de Tocqueville, E. Demolins, Mgr d'Hulst, le marquis de La Tour-du-Pin. — L'histoire est un perpétuel recommencement. — Discours d'hier et d'aujourd'hui. — Les féodaux. — L'action hiérarchique. — Droit historique nouveau. — L'œuvre des cercles. — L'école. — Deux créations : le cercle catholique, le cercle d'études sociales. — Estime réciproque. — Le parti réfractaire.

Dans un très intéressant article publié par la *Revue des Deux-Mondes* en 1899, M. Piou a écrit une page curieuse sur les adversaires de la démocratie ; on ne pourrait mieux dire, et nos lecteurs nous sauront gré de la leur rappeler.

Au premier rang de ces adversaires, M. Piou

nomme d'abord la noblesse et la bourgeoisie qui forment le parti conservateur.

Cette noblesse, dépaysée dans des milieux nouveaux, est cependant animée de bonnes intentions. Dans son ensemble, elle est généreuse, dévouée, charitable. Malgré tout, elle n'est pas suivie ; elle aide les pauvres à vivre, on lui reproche de ne pas aider les petits à s'élever. Elle fonde, pour le peuple, des hospices, des écoles, des orphelinats ; mais elle proclame la nécessité de le maintenir, pour son propre bonheur, dans sa condition native. Elle ne se refuse pas aux sacrifices ; mais elle se refuse à rien changer à la vieille hiérarchie sociale, œuvre du temps. Quant au gouvernement démocratique, il est pour elle le pire des dangers. Devant la société nouvelle, ces admirateurs du passé restent imperturbablement défiants. Ils s'en isolent, hautains, railleurs, à demi satisfaits de la voir dans l'embarras et prête à trébucher. Ils ne la défendent que devant l'ennemi. La patrie en danger, le vieil honneur français secoue leurs cœurs. Sur le champ de bataille, ils se retrouvent héroïques comme leurs aïeux.

A côté de ces hommes, enfermés dans leurs regrets, il en est d'autres, arrivés aux premiers rangs par le travail, l'intelligence, la richesse, mais que leur élévation a rendus oublieux de leur histoire. La haute bourgeoisie se regarde comme une aristocratie intellectuelle, appelée à exercer le pouvoir, et à l'exercer sans partage. Elle a, pour la démocratie, qu'elle juge médiocre et jalouse, la hauteur que donne la supériorité, et la défiance que donne la fortune. Loin de lui tendre la main, elle s'en éloigne à la fois par fierté et par effroi. Toutes ses prévenances sont pour la noblesse, à laquelle elle s'allie par des mariages et se mêle par des usurpations. Elle est antidémocratique par ses aspirations patriciennes et sa peur du peuple.

Derrière elle, vient l'armée des laborieux qu'absorbent les affaires, des indifférents qui ont peur d'être dérangés, des trembleurs qui ont peur d'être ruinés. Pour ceux-là, la démocratie, c'est l'inconnu avec ses périls ; en tout cas, c'est la nouveauté avec ses changements. Les délicats s'offusquent de sa rudesse, les heureux de ses ambitions. Une société où tout le monde peut grandir et faire fortune n'est pas une société irréprochable. Le personnel conservateur, divisé sur tant de choses, est d'accord pour maudire le déclassement social, c'est-à-dire l'ascension des petits. Le peuple le sait et s'en irrite. Les défiances qu'on lui témoigne, il les rend avec usure. De là l'antagonisme de classes survivant à la destruction des classes ; de là le malaise social enfantant le malaise politique.

Par surcroît de malheur, ce sont les groupes les plus hostiles à la démocratie qui forment l'état-major des conservateurs, parlent en leur nom et conduisent tout. Il y a dans le rang des hommes que l'évolution démocratique n'indigne pas, qui y voient même une victoire de la justice. Il y a des chrétiens très disposés à marcher dans les larges voies ouvertes par l'Évangile. Mais les uns et les autres sont encadrés et se taisent : solidaires d'alliés à côté desquels ils ont de tout temps combattu, ils partagent leurs destinées comme s'ils partageaient leurs erreurs. On les juge sur leur situation sociale ; de la conformité des intérêts, on conclut à celle des opinions.

On nous accuse si facilement d'être de parti pris contre ce monde dit « conservateur » que

nous sommes bien aises d'appeler en témoignage
des hommes dont les paroles peuvent être entendues de tous et qui, à aucun titre, ne sauraient
être classés parmi les démocrates chrétiens.

Écoutons donc maintenant M. de Tocqueville :

J'ai entendu en Angleterre, écrit l'auteur de la
Démocratie en Amérique, des chrétiens de toutes
les dénominations préconiser les institutions libres
non seulement comme nécessaires au bien, mais à la
moralité des sociétés, et je n'ai pas eu une seule fois
sous les yeux cette sorte de monstruosité morale,
qui se voit aujourd'hui sur presque tout le continent, où ce sont les hommes religieux qui préconisent le despotisme, laissant à ceux qui ne le sont
pas l'honneur de parler en faveur de la liberté [1].

En réalité, dit à son tour M. Edmond Demolins,
parlant de ceux qui se mettent en travers de toutes
réformes démocratiques, les conservateurs ne veulent
pas dégrever les impôts, parce que ce sont eux qui
les perçoivent et que c'est, pour eux, un instrument
de pouvoir. Ils ne veulent pas opérer la décentralisation administrative, parce que la bureaucratie
constitue leur meilleur moyen de se caser et de caser leurs fils ; ils ne veulent pas de la diminution
des charges militaires, parce qu'ils ont réussi à se
soustraire à ces charges par le service d'un an [2].

Nous avons entendu des historiens, laissons
parler maintenant un docteur en sacrée théologie

1. Tocqueville, *Correspondance*, t. II, p. 394.
2. Cf. *La Science sociale*, 10ᵉ année, t. XIX, p. 221.

et non des moins qualifiés ; il n'est pas moins sé-
vère, il est même plus violent.

Au pôle opposé, dit Mgr d'Hulst [1], voici les conservateurs. Le nom qui les désigne est respectable,
mais à une condition : c'est qu'au premier rang des
choses à conserver, on place la justice absolue et
le règne du bien. Hélas ! ils ne sont pas rares, ceux
qui ne voient dans la défense sociale qu'une bataille
d'intérêts. Ne les appelons plus des conservateurs ;
appelons-les des satisfaits. Si la vieille société leur
paraît bonne, c'est qu'ils ont su se faire une place au
banquet. Peut-être ont-ils dû l'emporter de haute
lutte : quand ils sont entrés dans la vie, ils étaient
avec les conservateurs ; ayant réussi, ils ont passé
dans le camp adverse ; ils y ont porté avec eux ce
froid scepticisme, ce mépris de la vérité, qui carac-
térisent les adorateurs du succès. Entre eux et leurs
alliés d'hier, devenus leurs ennemis d'aujourd'hui,
je vois bien un conflit de convoitises, je n'aperçois
pas un antagonisme de principes. Si les mécontents
sont plus dangereux, les satisfaits sont plus vils,
n'ayant pas l'excuse de la souffrance. Plaignons le
sort d'une nation qui n'aurait à choisir qu'entre ces
deux formes de l'égoïsme. Comme dans le songe de
Pharaon, les maigres dévoreront les gras, en attendant que d'autres les dévorent à leur tour ; et c'est
à travers une succession de crises violentes que la
société s'achemine vers l'universelle misère.

Citons enfin une page écrite par un homme
admirablement placé pour juger en connaissance

1. Conférences de Notre-Dame, Carême 1895 : *La Morale
du citoyen*. 6ᵉ conférence : *La civilisation chrétienne*, p. 3.

de cause et dont la haute compétence en matière
d'économie sociale est reconnue de tous.

« La religion est affaire de la vie privée », dit l'éminent sociologue M. le marquis de La Tour-du-Pin-
Chambly rappelant les maximes « couramment ac-
ceptées des conservateurs », elle n'intéresse pas la
vie publique ; l'Eglise doit être soumise aux lois de
l'Etat. Dès lors ses ministres sont des fonctionnaires
d'un ordre subalterne, puisqu'ils ne sont pas les
agents d'un service public, mais seulement d'un service d'utilité publique. C'est l'Etat qui les nomme,
c'est l'Etat qui les paie, c'est l'Etat qui les régente,
déterminant pour eux les conditions de la vie religieuse, les formes de l'apostolat, les pouvoirs de
l'enseignement ; réglementant ainsi, retouchant, cor-
rigeant l'œuvre de Jésus-Christ. Cela au nom de la
liberté de conscience.

« Tous les hommes sont égaux devant la loi », non
pas seulement devant la loi criminelle, mais devant
les lois organiques. Avec cela on envoie les prêtres
à la caserne, les ivrognes et les adultères au scrutin,
les prolétaires administrer la fortune publique, les
gens sans aveu faire les lois, les magistrats sans
mœurs les appliquer. Ceci, dira-t-on, n'est qu'une
corruption du système. Pardon, c'est son essence, ou,
si vous le voulez, c'est de son essence d'être cor-
rompu, parce qu'il est impossible qu'une réunion
quelconque d'hommes, maîtresse des pouvoirs publics, puisse les exercer intègrement, lorsque, de par
sa constitution, elle incarne l'incompétence, l'absolutisme : l'irresponsabilité. Cela au nom de la liberté
politique, qui est ainsi bien sauvegardée !

« La loi ne doit pas intervenir dans les questions
ouvrières ni dans le jeu de la concurrence industrielle,

l'Etat doit seulement protéger la liberté du travail. »
Autrement dit, le pouvoir doit protéger les forts et
leur livrer les faibles sans merci ni recours.

« La loi ne doit pas intervenir dans la spéculation ;
elle est l'âme du commerce. » Autrement dit, elle
doit laisser l'agriculture, l'industrie, le négoce, à la
merci des agioteurs juifs ou judaïsants. Cela au nom
de la liberté civile, qui n'est plus que celle de mourir de faim !

« La formation des associations, des corporations,
des biens de mainmorte est un danger pour l'Etat. »
Alors il ne reste plus au citoyen isolé, perdu dans la
masse, qu'à être dans l'Etat un ilote ou un préfet.

Voilà pour les grands traits auquel se reconnaît
l'esprit conservateur de nos jours[1].

*
* *

On sait quelle dure campagne a menée et mène
encore contre nous ce parti conservateur dont les
leaders plus ou moins autorisés, et, d'ordinaire,
assez ignorants des questions et des principes,
nous regardent avec une hauteur et un dédain
qui ne laissent pas, d'ailleurs, de nous procurer
du divertissement. Chose curieuse — constatons
une fois de plus que l'histoire est un perpétuel
recommencement, — la campagne menée par ces

---

1. Marquis DE LA TOUR DU PIN-CHAMBLY : *Conservateurs
et rénovateurs.* Cf. *Association catholique*, 25 mars 1895,
p. 224.

braves gens semble tout entière inspirée par l'esprit qui, durant le cours des âges, s'est opposé avec obstination à la marche en avant de l'idée chrétienne et à l'extension de l'Eglise de Dieu.

« Voilà maintenant que tout le peuple court après eux, disent les pharisiens; ce sont des révolutionnaires, nous n'avons rien de commun avec cette race maudite de publicains. »

« Vous êtes toujours mal entourés, continuent les dilettantes. S'il se rencontre un ignorant ou un rustre, vous en augurez bien ; vous lui ouvrez vos portes. En avouant que ce rebut de l'espèce humaine est digne de votre Dieu, vous montrez assez que vous ne pouvez persuader que des idiots, des hommes de rien et des esclaves... Vos maisons regorgent de tisserands, de cordonniers, de tailleurs et de paysans. »

« Vos clients sont des ignorants et des incapables, affirment les jouisseurs. Il y a quelque quatorze cents ans, Chrysostome les avait déjà rencontrés sur son chemin, — on ne peut pas leur livrer la conduite du monde, c'est un crime de vouloir les appeler à la liberté. »

« Vos syndicats, vos coopératives, toutes vos institutions sont une œuvre néfaste, poursuivent les héritiers des hauts barons et des *beati possidentes* du temps de saint François; tous ces manants et vilains que vous avez associés discutent maintenant leurs intérêts et nous opposent toutes sortes de revendications : c'est une formidable révolution que vous avez préparée. »

« Le laboureur et le manouvrier ne méritent pas d'être instruits, ajoutent à leur tour les philosophes issus de Voltaire. C'est assez pour eux de manier le hoyau, le rabot ou la lime. Il est essentiel qu'il y ait des gueux ignorants. Le peuple sera toujours sot et barbare, ce sont des bœufs auxquels il faut un joug, un aiguillon et du foin. »

Et ainsi, l'énumération pourrait longtemps se continuer.

Par bonheur, tout cela n'impressionne pas grandement les démocrates. Ils regardent en arrière, ils voient que les pharisiens, les dilettantes, les jouisseurs, les philosophes et autres gens à coteries, loin d'être un obstacle au progrès final, ont au contraire, à leur insu, travaillé à son développement. Et ils bénissent Dieu, et ils ne perdent jamais courage ; ce qu'ils ont lu dans l'histoire d'hier, leurs neveux et leurs fils le liront dans l'histoire de demain.

Car on a beau dire et beau faire, l'idée marche ; et il n'est pas d'obstacle assez puissant pour l'arrêter en chemin. Les hommes pourront peut-être souffrir, mais qu'importe ? pourvu que la cause triomphe. Il est absolument inutile que tels ou tels soldats soient regardés comme vaincus ou proclamés vainqueurs : ce qui importe, c'est que le drapeau flotte toujours et poursuive, quel que soit le bras qui le porte, sa marche en avant.

*
* *

De ce parti conservateur est cependant sortie
une école qui, ayant gardé, sur certains points,
la plupart des idées de l'ancienne masse conser-
vatrice, n'a pas hésité, au point de vue économique, à s'en séparer nettement. C'est le groupe
des féodaux catholiques, dont nous avons déjà
dit un mot au chapitre IV; et voici en quoi il diffère des démocrates chrétiens.

Frappés des progrès de la désorganisation générale et des maux qui en résultent, les féodaux
voudraient reconstituer la société en l'appuyant
sur une forte et sage hiérarchie, sur une classe
dirigeante pénétrée de ses devoirs envers la classe
dirigée.

Les démocrates chrétiens, eux — nous aurons
occasion de dire pourquoi, — refusent de croire
à l'efficacité de cette action hiérarchique, loin
d'en faire la pièce maîtresse de l'organisation
sociale dont ils sont les ouvriers. Leurs yeux, se
portant moins vers le passé, regardent surtout
l'avenir; et n'ayant aucune confiance, pour cet
avenir, en une résurrection, même adaptée aux
conditions présentes, ils considèrent l'ancien
moule social comme définitivement brisé. Ce qui
les frappe, avant tout, comme un « fait très
réel et très grave qui domine la situation, c'est

l'existence et le développement rapide et irrésistible d'un mouvement démocratique universel[1] ». Dans la situation présente, enfin, ils ne voient pas seulement des abus à supprimer et des injustices à redresser, ils voient encore la nécessité de donner une place plus large et plus effective au peuple dans la conduite des affaires publiques et de son propre gouvernement. Cette montée démocratique leur paraît être une conséquence des principes de l'Evangile, ils la saluent avec joie et, pleins d'ardeur, travaillent à l'œuvre belle et féconde de l'émancipation.

Pour rétablir la paix sociale, disent les féodaux, il faut se préoccuper, avant tout, de créer des organismes où les divers éléments du corps social, se trouvant rapprochés, pourront se connaître, et vivre dans la paix. L'enthousiasme que professe leur école pour les syndicats *mixtes* découle naturellement de cette idée.

Les démocrates, au contraire, estiment que, pour ramener cette paix dans le monde, il faut d'abord y ramener la justice par le respect de tous les droits. Ils enseignent pour cela que les intéressés doivent pouvoir traiter de leurs affaires en dehors de toute immixtion étrangère; par suite ils préfèrent le syndicat parallèle, où chacun, maître chez soi, discute comme il l'entend ses intérêts.

Les féodaux ne remarquent peut-être pas suffi-

1. Mgr Doutreloux.

samment que le monde d'aujourd'hui est, en bien des points, totalement différent du monde d'autrefois, et que, quoique les éternels principes de la morale soient les mêmes, nous nous trouvons en présence de nouvelles applications. Des problèmes sociaux inconnus de nos pères se sont posés devant nos contemporains ; bon gré mal gré, il faut les résoudre. Or il faut les résoudre, non dans le passé, mais dans le présent ; non dans le droit historique ancien, mais dans un droit historique nouveau. Or ce droit nouveau peut tout autant défendre son existence que le droit jadis accepté, qui lui aussi, d'ailleurs, avait rencontré, dès les premiers jours, de très acharnées contradictions.

C'est autour de ces problèmes que se livrent de nombreuses batailles. Batailles fort intéressantes, reconnaissons-le, car ceux que nous appelons les *féodaux*, esprits toujours bienveillants et cœurs toujours hauts, bien qu'étant séparés de nous sur des questions de réelle importance, ne croient pas pour cela devoir nous traiter en excommuniés, mais cherchent toutes les occasions de nous tendre la main. Aussi la discussion avec eux est-elle toujours courtoise. Les maîtres et les disciples de cette école nous traitent avec une estime que nous sommes heureux de leur rendre ; et c'est là ce qui les différencie, à ce point de vue, des réfractaires et des endurcis du parti conservateur.

La plupart de ceux que nous appelons les féodaux catholiques ont appartenu ou appartiennent encore à l'œuvre des Cercles catholiques d'ouvriers, œuvre qui a eu ses jours de gloire, mais qui, en tant qu'œuvre, paraît avoir échoué complètement. Or, tandis que les membres de l'œuvre des Cercles affirmaient hautement qu'à aucun prix ils ne voulaient être une école, il arrivait que l'école sortie de son comité d'études grandissait chaque jour et fournissait des travaux remarquables dont les sociologues, en général, et les démocrates chrétiens, en particulier, ne sauraient lui être trop reconnaissants.

Au point de vue de l'action, on peut voir la différence entre notre théorie et celle de l'Œuvre, quand on compare le « cercle catholique », sa création, avec le « cercle d'études sociales », création des démocrates chrétiens. Le *Cercle*, dit *l'Instruction sur l'Œuvre*, offre aux travailleurs « un abri pour conserver leur foi et leurs mœurs, l'exercice organisé de la pratique religieuse et de la charité chrétienne, des moyens d'instruction générale, des délassements honnêtes, etc. » Dans les « Cercles chrétiens d'études sociales », au contraire, l'ouvrier s'instruit sur tout ce qui touche à sa situation économique et sociale, afin de préparer lui-même son émancipation. Les « Cercles catholiques » n'admettent que des catholiques, les « Cercles d'études », eux, admettent tous ceux qui

se présentent, pourvu, dit le règlement, « qu'ils
respectent les principes de l'honnêteté chrétienne,
qu'ils veuillent s'instruire de bonne foi et qu'ils
aient de la tenue ».

On voit facilement que le champ d'action de
ces derniers est bien plus vaste et qu'ils se pla-
cent sur le terrain d'un plus large apostolat.

Malgré ces divergences d'idées, les démocrates
chrétiens vivent sur le pied d'une mutuelle estime
avec les féodaux et l'œuvre des Cercles catholiques ; le président du conseil central de la Démocratie chrétienne, M. Léon Harmel, a été longtemps président général de l'œuvre des Cercles.
C'est dire qu'il n'y a pas entre les deux écoles
d'opposition irréductible. Il n'en est malheureusement pas de même de cette fraction du parti
catholique que le Pape a qualifiée lui-même de
« réfractaires » ; il est à propos d'en parler plus
longuement.

CHAPITRE VIII

La Démocratie chrétienne et les réfractaires

Ce qui aurait dû être. — Accusations sans preuves — Le présent ressemble au passé. — Pourquoi nous nous appelons démocrates chrétiens. — Le dogmatisme : « l'Union des catholiques ». — Conduite de l'Eglise. — Pieuses excommunications. — La Démocratie chrétienne et les condamnations récentes. — L'Américanisme. — Coup d'œil sur la campagne. — Le livre de l'abbé Klein. — Que penser du Père Hecker ? — L'attitude des démocrates chrétiens. — Faute de tactique de l'abbé Klein. — Nos remerciements au Pape. — Peine inutile.

Si, dès le commencement, nos idées et nos principes avaient dû trouver quelque écho et entrer tout naturellement dans certains esprits, il semble que les « catholiques avant tout » étaient indiqués pour cela. Ils récitaient ou étaient censés réciter chaque matin et chaque soir le *Pater* qui pose si nettement la thèse dont nous

sommes les défenseurs ; leurs aumônes allaient ou
paraissaient aller avec une générosité admirable
au-devant du problème social. Suivre nos idées et
admettre nos principes n'était, après tout, qu'un
changement de méthode, une modification de procédés, un moyen nouveau de mieux connaître et
de mieux remplir le devoir.

Malheureusement, si nous avions pu concevoir
des illusions sur ce point, elles furent bientôt
dissipées. Loin de nous soutenir, la plupart des
hommes sur lesquels nous comptions commencèrent une lutte acharnée contre les démocrates
chrétiens et tous ceux qui, refusant de croire à
l'aumône comme unique moyen de secourir le
peuple, voulurent prendre en main ses intérêts
professionnels et ses droits sociaux. Eux et nous
servions, au fond, la même cause ; mais nous espé-
rions arriver au même but par une méthode plus
rapide et plus sûre et qui devait avoir pour
résultat d'éviter de perpétuels recommencements
sur le terrain des œuvres, de relever la personnalité humaine, de travailler à rétablir, dans la
mesure du possible, l'originaire égalité. Malheureusement nos adversaires ne virent pas ou ne
voulurent pas voir cela ; et Dieu seul sait les
injures, les calomnies, les résistances de toutes
sortes que rencontrèrent les promoteurs de la nouvelle doctrine, ou plutôt les restaurateurs de la
doctrine ancienne. A tel point que les premiers

d'entre nous qui se jetèrent dans le mouvement sont regardés, encore aujourd'hui, comme des manières d'énergumènes, même par ceux qui — inconsciemment quelquefois — ont fini par accepter leur manière de voir. Les catholiques sociaux qui nous avaient frayé la route, du moins sur le terrain économique, ne furent pas sans recevoir quelques horions dans la bataille, mais bientôt le grand effort se concentra à peu près uniquement sur les démocrates chrétiens.

On commença par nous dire, avec une conviction inexprimable : « Quand les hommes seront convertis, la question sociale sera résolue. » Et l'affirmation était vraie, il suffisait d'avoir un peu de loisir et d'attendre jusqu'au dernier jugement.

C'est qu'on oubliait, nous l'avons dit plus haut, une chose importante, à savoir que, pour convertir un homme, il faut le mettre dans des circonstances telles que la conversion ne soit pas impossible ou d'une quasi-impossibilité. On oubliait que si la moralité des individus rejaillit sur les institutions, la moralité des institutions rejaillit aussi sur les individus. Notre doctrine du christianisme intégral impose précisément cette méthode de l'action parallèle sur les individus et sur la société.

Puis on nous accusa de prêcher la révolte et de supprimer la vertu de résignation.

A la vérité, on était bien embarrassé pour four-

nir des preuves de ces assertions, mais faute de
mieux, on accusait toujours. On avait l'air de
croire sérieusement que, sans nous, les ouvriers
n'auraient jamais connu leur misère et n'auraient
jamais réclamé contre leur triste condition ;
comme si les socialistes ne parlaient pas, n'écri-
vaient pas, ne faisaient pas de propagande. Et,
au milieu des mouvements divers et puissants
qui agitaient le monde du travail, on nous repro-
chait de ne pas suivre la politique de l'autruche,
et de ne pas laisser entièrement le peuple entre
les mains des médecins empiriques et des
méchants rebouteux.

Il fallait être bien aveugle ou bien ignorant
pour affirmer que le Christianisme doit rester
une religion individuelle, et pour nous interdire
le terrain social ; pour croire que quelques œuvres
aumônières ou quelques sermons de carême pouvaient guérir les plaies profondes dont nous
sommes peut-être en train de mourir. Mais, au
fond, il n'y avait pas là de quoi nous étonner. Car
il serait difficile de trouver une seule des grandes
institutions aujourd'hui pleinement adoptées par
l'Eglise qui n'ait été traitée de dangereuse nouveauté. Saint Ignace n'échappa point à cette accusation, lorsqu'il supprima le chœur pour ses
religieux, saint Vincent de Paul lorsqu'il refusa
de soumettre à la clôture les Filles de la Charité.
On sait la résistance que firent les jansénistes à
la dévotion au Sacré-Cœur, et comment le Domi-

nicain Bannez fut obligé de défendre sainte Thé-
rèse lorsque celle-ci voulut réformer le Carmel,
tandis que saint Jean de la Croix, moins heureux
que son illustre compatriote, se voyait, pour les
mêmes motifs, jeté en prison.

Ainsi beaucoup, même parmi les meilleurs, ont
fait, dès le commencement, une guerre acharnée
aux démocrates chrétiens. Très honnêtes, catholiques sincères, pratiquant la charité, ils ont cru
que leur honnêteté, leur foi, leurs aumônes qui
travaillaient, et parfois réussissaient, à guérir
autour d'eux quelques maux individuels, suffi-
raient aussi à réparer le mal social ; et devant nos
réclamations ils ont pris peur, nous regardant
comme des trouble-fêtes ou des hommes dangereux.

Puis il est un grief que ces braves gens devenus
nos adversaires ne peuvent nous pardonner :
nous faisons appel à l'intervention de l'Etat. Or,
à leurs yeux, l'Etat c'est l'ennemi-né, le tyran
mauvais dont la pensée est toujours tournée vers
le mal et auquel on ne peut, on ne doit jamais se
fier. Cette défiance, disons même cette condamnation de l'Etat, est pour eux un principe absolu.
Nous avons beau leur représenter, nous le
faisions dans un chapitre précédent, qu'à tout
prendre, l'intervention de l'Etat n'est qu'un pis-
aller ; que, dans notre pensée, elle ne détruit ni
la liberté ni la spontanéité individuelle ; mais
que le corps social étant désorganisé, il faut bien,

4**

en attendant les temps meilleurs, s'adresser à la seule force existante capable d'en imposer aux puissants et d'empêcher l'écrasement des petits; ils ont beau constater que cela ne nous empêche pas de réclamer en même temps de l'Etat qu'il prépare lui-même sa propre destitution par le développement de l'association et la création de corps autonomes destinés à rendre de moins en moins utile son intervention : ils ne nous comprennent pas ou ne veulent pas nous comprendre.

On nous reproche aussi d'avoir pris le nom de démocrates chrétiens, et on demande pourquoi le beau nom de catholiques ne nous suffirait pas. Nous avons déjà répondu à ce reproche; pour compléter notre réponse, empruntons une page à l'abbé Six, le distingué directeur de la *Démocratie chrétienne*.

Nous sommes des démocrates chrétiens, dit l'abbé Six [1], parce que, dans le dépôt sacré de notre foi, nous cherchons à mettre spécialement en relief les vérités sociales dont l'application doit amener l'amélioration matérielle et morale des classes populaires, mettre fin à leur « *misère imméritée* », les délivrer du « *joug* presque *servile* » sous lequel elles gémissent. Notre nom marque notre tendance, notre préoccupation, nos efforts. C'est la raison principale et tout objective de notre appellation particulière.

1. Cf. *Démocratie chrétienne*, août 1897. *Sens intégral du mot démocratie chrétienne*, par un théologien, p. 214-215.

Nous nous appelons encore démocrates chrétiens pour une raison d'opportunité : c'est que notre nom même doit dire aux classes laborieuses ce que nous sommes et ce que nous voulons; notre nom est, croyons-nous, de nature à nous rallier la confiance, et à nous rendre les sympathies de ces ouvriers nombreux qui sont allés chercher dans les utopies socialistes le remède à leurs souffrances et le redressement de leurs griefs; notre nom même doit leur faire comprendre que les partis et les groupes qui s'en réclament acceptent, tout au moins dans les grandes lignes, le programme net et précis des réformes sociales qui sont la raison d'être de la Démocratie chrétienne dans tous les pays.

Tout cela est fort bien dit. Nul d'ailleurs n'a songé et ne songera à reprocher aux jésuites, dominicains, lazaristes et autres, d'avoir pris un nom particulier et de ne point s'appeler catholiques « tout court » ; nul ne songe à reprocher aux diverses écoles de théologie morale d'avoir des noms différents, afin, sur les matières libres, de n'être pas confondues entre elles. Tout le monde a ce droit, sauf les démocrates chrétiens.

*
* *

Une tendance, aussi fâcheuse qu'accentuée, des esprits dont nous parlons, consiste à vouloir toujours dogmatiser ; il leur paraît indispensable d'imposer leurs idées et croyances comme on impose des articles de foi. « L'union entre les catho-

liques », tel est leur cliché, la formule de leur
programme ; cela veut dire qu'il faut accepter
avec religion toutes les billevesées ; qu'il faut se
rendre solidaires de toutes les sottises : qu'il faut
les considérer eux-mêmes comme de petits saints,
ou du moins comme des personnages intangibles,
toujours afin de ne pas « désunir » et de ne pas
« scandaliser ». S'ils sont injustes, gardez-vous
de le dire, ce serait faire de la désunion et vous
scandaliseriez ; s'ils sont grotesques, laissez croire
que vous l'êtes autant qu'eux : il ne faut pas « désunir », il ne faut pas « scandaliser ». Pour être
« bon catholique » — l'union avant tout, — sa-
chez renoncer à votre indépendance d'idées et de
jugement. L'Eglise, qui a bien ses raisons, nous a
donné comme règle de conduite : *In necessariis
unitas, in dubiis libertas, in omnibus caritas;*
eux, ils expliquent cette devise ainsi : Pour être
charitable, il faut que tous aient les mêmes préjugés et se meuvent dans le même cercle, se gar-
dant bien de faire la moindre excursion au
dehors... On ne doit pas « désunir », on ne doit
point « scandaliser ». Saint Pierre et saint Paul
ont usé de la liberté et ne pensèrent pas toujours
de même ; l'Église admet des écoles de théologie
diverses, canonise des docteurs professant des
doctrines opposées, le dogme étant sauf. Eux ne
nous permettent pas d'avoir une autre opinion
que la leur sur les questions du jour, et se lamen-
tent, et crient au scandale, parce que nous com-

battons leurs théories sur la démocratie, le salaire, le travail et mille autres points, parmi lesquels on comptait naguère le mythe Diana Vaughan. Nous sommes des fâcheux, voire même des impies, et si l'Église n'était immortelle, nous l'aurions déjà tuée depuis longtemps.

Et ils nous traitent tantôt avec pitié, tantôt avec colère. Toutefois, pour rendre hommage à la vérité, il est juste de dire que c'est plus souvent avec colère, et moins souvent avec pitié.

Car ces bonnes gens perdent leur sang-froid et veulent vous massacrer dès que vous ne partagez pas leur sentiment. Même, huit fois sur dix, ils n'admettent pas que l'on puisse se tromper. Dès que vous n'êtes pas de leur bord, ils n'ont plus qu'un souci : savoir à quel motif bas et inavouable vous obéissez, combien on vous a payé votre « trahison ». L'idée que vous pouvez être de bonne foi leur vient rarement, l'idée que vous pouvez avoir raison contre eux ne leur vient jamais. Alors ils vous excommunient pieusement ou aigrement, mais c'est toujours l'excommunication. Les uns versent un pleur sur vous : oh! certes, ils ne veulent pas vous accuser, ils se contentent de vous plaindre. C'est avec dévotion qu'ils gémissent sur votre cas, ils font des neuvaines pour votre conversion, ce n'est pas eux qui entameront une polémique; tout cela divise. Ils préfèrent garder le silence, même si vous les attaquez; ce qui ne les empêche pas de vous bourrer de coups de poignard, avec cette particularité, cependant, qu'ils se mettent le mouchoir de Tartufe sur les yeux et qu'ils vous frappent... dans le dos.

Les autres déclarent tout nettement — et j'aime mieux cela — que vous êtes une canaille doublée d'un ambitieux ou un ambitieux doublé d'une canaille — le texte diffère parfois — et qu'il faut se débarrasser de vous, dût-on ressusciter Torquemada.

Maintes fois, nos lecteurs ont lu ces choses aussi bien que nous, dans des feuilles pieuses et autres, maintes fois ils les ont entendues, répétées par de dévots personnages ; et si nous voulions ouvrir nos cartons, que de lettres nous pourrions sortir pour nous documenter !

*   *
*

A propos des accusations portées contre les démocrates chrétiens, il n'est peut-être pas inutile de répondre ici à une question que se posent plusieurs de nos amis et de voir ce qu'il faut penser au point de vue démocratique de certains actes du Saint-Siège qui ont ému l'opinion catholique de notre pays.

Or, la réponse simple et facile nous paraît

pouvoir se résumer en cette courte phrase : Il n'en faut rien penser.

C'est que, en effet, la Démocratie chrétienne reste entièrement sur ses positions.

Jusqu'à cette heure, elle n'a reçu que des encouragements de la part du Chef de l'Eglise ; et si certains de ses hommes, sur tel ou tel point spécial, avaient été touchés par les récentes décisions pontificales, cela prouverait simplement qu'il y a, dans la grande armée démocratique, quelques soldats malhabiles ou trop audacieux ; cela ne nuirait en rien à l'honneur du drapeau. Que le Saint-Siège condamne « la doctrine à laquelle on a donné le nom d'*Américanisme* » — doctrine qui est, d'ailleurs, aux antipodes de la démocratie, — que la Sacrée-Congrégation désapprouve le projet et blâme le livre de Mme Marie du Sacré-Cœur, cela signifie que l'Américanisme est condamnable, que ni le projet ni le livre de Mme Marie du Sacré-Cœur ne sont à recommander ; cela ne prouve rien contre la démocratie. Cela ne signifie en aucune manière que nous n'avons pas raison de préconiser un système social qui « s'efforce de mettre les énergies puissantes du Christianisme au service des masses, en vue de leur soulagement matériel et de leur relèvement moral », de rechercher « une organisation protectrice des petites gens, une amélioration et une élévation de leur condition, avec leur participation effective à ce travail »,

tout en poursuivant « le développement commun,
harmonique et simultané de tous les membres du
corps social ».

Il faut donc être de mauvaise foi pour demander à ces documents pontificaux les éléments
d'une campagne contre la Démocratie chrétienne
et les démocrates chrétiens. Aussi que nos amis
se rassurent et gardent toutes leurs espérances.
Les hommes que le seul mot de progrès jette en
syncope ont beau dire et beau faire ; ils peuvent,
tandis que nous marchons, se coucher sur la
route : leurs efforts seront inutiles, ils n'arrêteront pas le train.

Peut-être ne sera-t-il pas hors de propos de
dire ici quelques mots de l'Américanisme, à
l'occasion duquel les réfractaires nous ont plus
particulièrement attaqués.

*
* *

Le si doctrinal et si magnifique document pontifical adressé par Léon XIII au Cardinal Gibbons, les déclarations de l'épiscopat d'Amérique,
notamment la belle lettre écrite au Saint-Père
par le grand Archevêque de Saint-Paul, Mgr Ireland, auront calmé, espérons-le, cette pieuse
terreur qui, naguère, envahit les tenants d'une

certaine école et leur inspira — suivant un exemple fameux — la pensée de pousser des clameurs violentes, afin de sauver le Capitole en péril. Maintenant que la cause est entendue, jetons un coup d'œil sur cette campagne et demandons-nous ce qu'il pouvait bien y avoir derrière cet « Américanisme » dont on a tant parlé.

Or, voici que, dès les premiers mots, nous nous trouvons embarrassés. Une question se pose partout, chez tous : Qu'est-ce que l' « Américanisme »? Nous voulons dire l' « Américanisme » selon la formule des détracteurs des grands évêques américains. Et la réponse ne se trouve nulle part.

Est-ce un état d'esprit, est-ce une doctrine?

Si c'est un état d'esprit, point n'était nécessaire d'aller l'étudier au loin et de lui donner un nom d'outre-Océan. Lacordaire, Montalembert et toute cette école qui donna à l'action catholique du milieu de notre siècle un si puissant éclat, avaient dit tout ce que nous trouvons dans les discours de Mgr Ireland. Les instructions du Pontife romain orientant les catholiques français vers la République en sont, à l'heure actuelle, une application pratique : et nul n'ignore avec quelle énergique persévérance, ouvertement ou obliquement, les détracteurs de Mgr Ireland s'élèvent contre cette application.

Si l'*Américanisme* est un corps de doctrine,

nous confessons l'avoir trouvé dans le livre de M. l'abbé Maignen, qui le dénonce et dans divers articles publiés par la *Vérité*, mais nous ne l'avons vu exposé nulle part ailleurs, pas même dans l'adaptation française de la *Vie du Père Hecker*, qui a été le point de départ du débat. Ce n'est pas que le livre nous paraisse sans défauts ; ces défauts, nous avons été des premiers, même avant l'abbé Maignen, à les signaler dans la *Justice Sociale*. Ce n'est pas que la préface mise en tête du volume par notre excellent ami l'abbé Klein fût à l'abri de toutes critiques ; telle n'a jamais été notre pensée et nous l'avons dit aussi, en même temps. Mais, de là à conclure que de nouveaux hérésiarques se levaient qui, s'attaquant au dogme, à la morale, à la discipline de l'Eglise, voulaient tout renverser pour tout rebâtir, il y avait un abîme ; et il nous parut que ceux qui franchissaient cet abîme, ou étaient mal éclairés, ou n'étaient pas de bonne foi.

Nous n'avions, certes, aucune raison de défendre le Père Hecker et M. l'abbé Klein. Le premier nous paraît avoir été un excellent religieux, avec des originalités parfois un peu fortes, mais qui ne dépassaient pas, à tout prendre, d'autres originalités que l'on peut lire dans la vie des saints ; toutefois, comme nous ne sommes ni de ses disciples, ni de sa famille religieuse, nous laissons à d'autres la charge de venger son honneur. Quant au second, il est assez grand pour

se défendre et assez bien outillé pour n'avoir nul
besoin de crier au secours. D'autant qu'il n'est
point nôtre. L'école sociale dont il se réclame
nous considère même, nous, les démocrates,
comme de bien petits garçons, dépourvus de
« science » — et il faut entendre sonner ce mot
science, dans la bouche de certains pontifes. — Je
me hâte de dire que l'abbé Klein est trop intelli-
gent et d'esprit trop supérieur pour être mis au
nombre de ces pontifes-là.

Rien donc ne nous incitait à entrer dans la
lutte ; aussi avons-nous dit simplement notre
opinion sur le débat, afin de remplir notre devoir
de journaliste, laissant ensuite les réfractaires et
autres tardigrades partir en guerre, solliciter les
textes, chicaner sur les mots et les tours de
phrase, faire de nous des américanistes, c'est-à-
dire, en somme, des individualistes, alors que
l'individualisme et la doctrine des démocrates
chrétiens sont aux antipodes ; se battre, en un
mot, contre des moulins à vent.

Si nous avions voulu intervenir dans le débat
et dire toute notre pensée, nous aurions insisté
sur d'autres points que ceux autour desquels
s'est attardée la discussion, et nous aurions fait
pour la *Vie du Père Hecker* ce que nous avons
fait pour le livre de M. Demolins : *A quoi tient
la supériorité des Anglo-Saxons?* Car nous ne
pouvons admettre cette glorification systéma-
tique d'une race qui a ses qualités très réelles,

sans doute, mais qui a aussi d'énormes défauts. Car nous ne croyons pas — nous en développerons les motifs quelque jour — à cette pensée chère au Père Hecker et aussi à l'école du sympathique abbé Klein, que les Anglo-Saxons sont à la tête du mouvement de la civilisation, et qu'ils doivent, tout en respectant le dogme et la morale, insuffler aux catholiques — ils n'ont jamais dit au Catholicisme, la distinction est importante — une sorte d'esprit tout récemment inventé. Grâce à Dieu, l'esprit ancien nous suffit; ce vieil esprit catholique qui, tout en conservant l'unité de la doctrine, a toujours admis la souple variété des méthodes pour adapter les invariables principes aux contingences extérieures et aux nécessités des peuples et des temps.

Toutefois ceci dit, nous aurions payé un large tribut d'admiration à cette Eglise d'Amérique, dont le clergé et les fidèles, habitués à respirer l'air de la liberté, ont des audaces parfois admirables dans l'adaptation de ce que nous appelions plus haut les méthodes, et vont d'un pas si ferme et si hardi vers toute secte et toute erreur, vers les incroyants et les dissidents. Nous aurions indiqué la distinction très réelle qu'on doit établir entre ce que l' « américanisme » a de sagement audacieux et ce que le « heckérianisme » peut avoir de prématuré et aussi d'aventureux. L'abbé Klein, esprit très distingué et d'une grande élévation de sentiments, n'avait peut-être pas fait

suffisamment le départ de ces deux esprits, dont
le second pouvait aller jusqu'à fausser une méthode excellente en l'exagérant. Il avait vu l'idée,
il l'avait trouvée noble et belle, et il était parti,
afin de l'exposer à ceux qui ne la connaissaient
pas.

Ses adversaires, dont plusieurs sont d'assez
habiles gens, mais que la générosité, d'ordinaire,
n'embarrasse pas, ont vu la faute de tactique et
immédiatement en ont profité, sous prétexte
d'empêcher le développement d'un système philosophique, théologique et moral, qui pouvait
devenir pernicieux à l'Eglise. Ils savaient bien
que ce système n'existait pas et qu'il était sorti
complet de leur cerveau, comme la déesse du cerveau de Jupiter, mais ils ont marché quand
même. Espérons qu'ils comprendront la leçon
qui leur a été donnée. Le Pape, en effet, après
avoir condamné un ensemble de propositions
que l'on ne trouve, d'ailleurs, ni dans le Père
Hecker, ni dans le cardinal Gibbons, ni dans
Mgr Ireland, ni dans Mgr Keane, ni dans les
œuvres des autres théologiens, orateurs ou philosophes américains récemment attaqués, ajoute
ces mots : « Nous ne pouvons approuver ces
opinions dont l'ensemble *est désigné sous le
nom d'américanisme.* »

Léon XIII se garde bien d'attribuer à nos frères
d'outre-Océan le bloc qui leur est si généreusement attribué par l'imagination féconde des écri-

vains qui prennent leur mot d'ordre dans les bureaux de la *Vérité* ; mais nous ne saurions trop le remercier d'avoir, sur nombre de points autour desquels la discussion commençait à se donner carrière dans diverses écoles théologiques d'orientation différente d'ailleurs, donné la note juste et planté les jalons qui empêcheront les âmes droites de s'égarer dans leur marche vers la vérité.

Le but des réfractaires était moins de s'opposer à un système que de satisfaire cette haine d'instinct qu'ils ont contre tout ce qui ressemble à de la force et à de l'élan, et d'essayer, au moyen d'équivoques, de confusions, de finesses plus ou moins cousues de fil blanc, de rendre suspecte la doctrine des catholiques dont ils repoussent les méthodes. A ce point de vue, le pamphlet de M. l'abbé Maignen était assez habile ; c'est peut-être la meilleure machine qu'ait produite l'esprit réfractaire en ces derniers temps.

Les voilà démontés. Le Pape a loué l'Eglise d'Amérique, il a adressé cette lettre de louange au grand cardinal dont le manteau rouge flotte superbe, très avant sur la route où va le progrès ; il n'a condamné aucune des méthodes que les évêques américains préconisent ; il a reconnu très explicitement qu'ils n'approuvent aucune des erreurs qu'il a condamnées. Ainsi finit la campagne, ou plutôt, ainsi aurait dû finir la campagne, car les réfractaires n'ont pas voulu désarmer.

CHAPITRE IX

La campagne antidémocratique

C'est une belle figure que celle de cet archevêque américain dont la parole grave, éloquente
et profonde a si magnifiquement célébré, dans la
chaire d'Orléans, Jeanne d'Arc la sainte Pucelle,
et, sur la place du Carrousel, devant la statue de
La Fayette, les splendeurs de la France et de la
démocratie.

Mgr Ireland est un homme d'avant-garde. Comme un veilleur, il semble avoir mission de crier dans la nuit, les yeux fixés sur l'horizon qui blanchit, pour annoncer l'aube nouvelle et ses premières lueurs. Et nous écoutons sa voix, et nous aimons sa belle vaillance, et nous le suivons du regard, tandis qu'il passe dédaigneux des obstacles, des insolentes calomnies et des honteuses diffamations : fier et tranquille, poursuivant sa route vers le but que Dieu lui marqua.

Car les contradictions ne lui manquent point ; et les critiques hostiles l'assaillent de toutes parts. Mais qu'importent les contradictions et les critiques ? Ce qui importe, c'est de faire l'œuvre de Dieu, c'est de faire éclater le Verbe, quand le Verbe est sur les lèvres, c'est de faire jaillir, pour l'œuvre sainte, la flamme qui brûle au cœur.

Cet évêque est vraiment de la race des conquérants. Il veut voir son Eglise grande, noble, forte et honorée par tous ; il voudrait lui conquérir ce monde moderne qu'on appelle « le siècle », pour le jeter aux pieds de Jésus-Christ. Il a du moins juré de mourir à la peine ; tel un bon soldat sur le champ de bataille, un laboureur sur le sillon. Il a une conception de la vie sacerdotale que certains lui reprochent et que nous trouvons, nous, magnifique de splendeur. « Le prêtre, nous disait-il, un jour, ne saurait être un simple agent de vertus domestiques. Que ces vertus soient nécessaires, nul n'en doute, mais l'action du prêtre ne doit pas se borner là ; si nous ne savons pas le comprendre, le monde nous échappera. »

Et il avait raison.

Trop longtemps, sous prétexte — ce n'était qu'un prétexte — de dignité, de vie intérieure, et que le bien ne fait pas de bruit et que le bruit ne fait pas de bien, on a prétendu nous confiner dans les bornes de je ne sais quel étroit idéal, avec défense d'en sortir jamais, et où nous avions seulement le droit d'exprimer certaines choses, bonnes d'ailleurs, mais dans une langue inintelligible au commun des mortels. Or, nous devons absolument faire disparaître ce préjugé : nous devons rompre le cercle de fer dans lequel on a prétendu nous enfermer. Et l'œuvre presse, si nous ne voulons pas voir le monde se détacher de nous, et le flambeau s'éteindre que Dieu mit dans nos mains.

Il faut des apôtres de toute sorte, dans l'Eglise. Il en faut qui s'attachent individuellement aux âmes, qui luttent avec elles, pied à pied, contre le mal, et qui défendent les brebis trop faibles contre le loup ravisseur. Cela est bien ; ce ministère mérite dix fois nos louanges et nos chaleureux applaudissements. Mais si ce ministère est beau, il ne saurait suffire ; Dieu a voulu qu'un autre ministère le complétât. Car les unités qu'un tel zèle nous conquiert ou nous conserve, le mal

les lui dispute, parfois les lui enlève ; et, tôt ou
tard, la mort les lui ravira. Il faut alors recom-
mencer sans cesse ; ces victoires d'un jour n'ont
pas de lendemain.

A côté des hommes qui travaillent individuellement sur les âmes, il faut donc d'autres
hommes qui travaillent socialement, c'est-à-dire
qui, directement, s'efforcent d'agir sur l'am-
biance, sur ces usages corrupteurs et ces iniquités
sans nombre qui font dévier nos institutions
politiques, économiques et sociales ; qui, pour le
plus grand bien des âmes, s'efforcent de préparer
un milieu favorable à l'Evangile sauveur, et de
supprimer le malentendu qui existe, pourquoi le
dissimuler? entre l'Eglise et notre société.

C'est à cette œuvre que l'archevêque Ireland
s'est consacré ; et, depuis de longues années, du
même élan vigoureux, il poursuit sa marche,
sans s'inquiéter de savoir s'il plaît à tout le
monde ; que lui importe, s'il plaît à Dieu? On lui
reproche de chercher des sentiers nouveaux, de
vouloir faire et dire ce que ne font point les
autres, ce qu'ils ne disent pas. Il n'est pas le
premier, d'ailleurs, à avoir encouru ce reproche ;
les biographes de saint Augustin nous racontent
quelles récriminations il souleva lorsqu'il osa,
lui, simple prêtre, prêcher devant l'évêque, ce
qui était contraire aux us et coutumes du temps.
Il y eut des laïques pour blâmer le grand homme,
il y eut des prêtres, il y eut des évêques, et ses

ennemis en triomphaient ; mais Augustin laissa
dire et continua son œuvre, ayant conquis pour
le Verbe que Dieu avait mis sur ses lèvres la
la sainte liberté.

Ainsi fait l'archevêque de Saint-Paul. Or, pour
avoir revendiqué la liberté de sa parole, pour
avoir pris position dans les questions mixtes
politiques ou sociales, nous savons quels orages
il a déchaînés.

Mais, encore une fois, qu'importe ? A ceux qui
lui jettent à la face d'amers reproches, il ne
répond point, ou se contente de rappeler cette
parole de Jésus-Christ : « J'ai d'autres brebis qui
ne sont pas de cette bergerie, et qu'il faut aussi
amener au bercail. » Amener les « autres » brebis au bercail, c'est là, en effet, ce qui préoccupe
cet homme ; il veut leur ouvrir les portes et leur
montrer que le bercail est fait pour elles et
qu'elles y ont leur place marquée. Dans ses discours où il a fait entendre toutes ces choses avec
bien d'autres encore, il montre la crise du monde.
Sachant que tout est entre les mains de Dieu et
dédaignant de s'attarder en des regrets peut-être
sans causes et en de stériles récriminations, il ne
craint pas de saluer l'ordre nouveau que le siècle
de demain nous prépare et de montrer à tous
ceux qui veulent être apôtres le labeur qui les
attend.

Il va sans dire que, lorsqu'il était chez nous,
on a trouvé des Français, des catholiques, pour

insulter cet évêque étranger, cet hôte venu pour
saluer, en France, sur notre invitation, la plus
pure de nos gloires. Ce sont les mêmes. d'ailleurs,
qui versent à jet continu la diffamation sur les
démocrates chrétiens. On n'a pas la force de s'indigner; il faut les plaindre. Pauvres gens qui
s'imaginent, parce qu'ils disposent sur la voie
quelques fétus de paille, pouvoir arrêter la marche du train royal! Laissons-les. Qu'ils enterrent
leurs morts; et nous, comme le grand archevêque
de Saint-Paul, chantons nos hymnes et continuons
notre route vers les choses que l'avenir prépare,
sous le regard de Dieu.

** **

Mgr Ireland est l'ami des démocrates chrétiens,
cela suffisait pour le désigner aux coups des
réfractaires. Nous devons rechercher ici les
véritables causes de la campagne dont il est
question au chapitre précédent et que les
réfractaires ont menée contre nous. Or, cette
campagne nous paraît avoir deux causes. L'une
tient à des questions personnelles, l'autre est le
résultat d'une mentalité d'un genre spécial.

Depuis dix ans, les réfractaires ont eu de durs
moments à passer. Les lettres du Pape rappelant
aux catholiques la grande obligation évangélique :

Rendez à César ce qui est à César, et qu'ils n'ont pas le droit de chercher à démolir, soit directement soit indirectement, les pouvoirs établis : la condamnation de la *Vérité*, autour de laquelle se groupe la secte des obliques, et qui sert de déversoir aux réfractaires honteux ; nombre d'autres « histoires » qu'il serait trop long de citer, ont mis tout ce clan dans un indicible état d'exaspération. Insulter le Pape, dénigrer d'une façon directe ses enseignements, il n'y fallait pas songer : un *tolle* formidable se serait élevé dans le monde catholique, et les coupables auraient été obligés de se terrer définitivement. Toutefois, si l'on n'osait agir contre le Pape, les blessures d'amour-propre que rien ne guérissait, la bile cuite et recuite dont on était travaillé, les rages rentrées dont on se sentait étouffé, les rancœurs et les amertumes qu'on n'avait point digérées, tout cela constituait une réserve qu'on ne pouvait indéfiniment conserver. Et comme les démocrates chrétiens étaient au premier rang de la bataille pour les idées pontificales, on résolut de foncer sur les démocrates chrétiens.

Tout cela n'était peut-être pas entièrement réfléchi, mais la vengeance a son instinct. De là d'abominables attaques contre lesquelles aucune violente riposte de notre part ne saurait être exagérée. Pour ne rappeler que quelques faits connus : les calomnies ignobles jetées contre l'abbé Gayraud, lors de l'élection du Finistère ; les incessantes, perfides et bilieuses insinuations répandues sur l'abbé Lemire ; les calomnies ressassées contre nous, à propos d'une prétendue « diatribe » contre l'*Imitation*, à propos de saint François, le bienheureux patriarche d'Assise, à la famille religieuse duquel nous sommes fier d'appartenir, de saint Ignace et d'autres personnes ou choses que nous nous honorons de respecter et d'aimer — la liste serait longue encore si nous voulions continuer — tout cela fut une explosion de cette bile dès longtemps amassée.

Avec un soin jaloux, on surveilla tous les pas et toutes les démarches des démocrates, et, en particulier, des trois abbés malencontreux, auxquels on ajoute aujourd'hui l'abbé Pierre et l'abbé Dabry. On leur fit une véritable guerre au couteau : on exploita avec une rare malveillance toutes leurs paroles, tous leurs écrits ; on frappa sur eux comme sur une enclume, et quand on crut avoir fait quelque blessure, on frappa sur la blessure pour envenimer le mal. Tout prêtre qui déchirait sa soutane, fût-il un de nos pires ennemis, comme Charbonnel, devenait aussitôt un abbé démocrate, et on mettait généreusement sur le compte de la Démocratie chrétienne tout ce qui s'écrivait de contestable, fût-ce par l'honorable et très distingué abbé Klein, fût-ce dans le *Correspondant*.

Et plus le Pape nous bénissait, plus ces gens-là nous maudissaient.

* *
*

Il y a encore une autre explication, et on en trouvera le développement dans ce livre ; toutefois, il nous paraît bon de la résumer ici en quelques mots. Les catholiques, à l'heure actuelle, sont divisés en deux camps. Les uns sachant que le Catholicisme renferme la vérité intégrale et que notre siècle a des besoins nouveaux, recherchent dans le Catholicisme la part de vérité laissée en réserve jusqu'à ce jour par l'éternelle Sagesse pour ces nouveaux besoins. Les autres, ayant l'esprit fermé, ou à peu près, à toute idée de développement et de progrès, croient que tout a été dit et que le salut du monde est dans le *statu quo*.

Les premiers n'ont qu'un médiocre enthousiasme pour l'organisation actuelle de la propriété et du travail, les autres ne sont pas éloignés de considérer toute récrimination un peu précise comme un cri de guerre de l'anarchie. Les premiers pensent que, dans le royaume de Dieu, il doit exister plus d'égalité et de fraternité ; que Dieu n'a point groupé les hommes en classe dominante et en classe dominée ; que le peuple a le droit de vouloir se sauver par lui-même, moyennant le secours divin. Les seconds voient dans tout cela un appel à la révolte, et dans ceux qui pensent ainsi des fauteurs de révolutions. Ceux-ci n'espèrent de salut qu'en faisant appel à César ou au roi; tandis que ceux-là se déclarent républicains, et voient dans la République une très légitime forme de gouvernement.

Ces derniers, démocrates ou non, tout en restant rigoureusement fidèles à leur foi, n'hésitent pas à suivre et même à devancer, s'ils le peuvent, la marche en avant de la science contemporaine, non seulement sur le terrain purement scientifique, mais aussi sur tout ce qui s'y rapporte, en exégèse, en histoire et ailleurs. Les autres, qui semblent avoir pris pour consigne de ne pas voir le soleil en plein midi, protestent bruyamment.

De là le conflit, le choc inévitable entre les retardataires et les amis du progrès.

Or, il est à remarquer que la plupart des points contestés entre nous appartiennent à cette catégorie de choses douteuses où la liberté est un droit : *in dubiis libertas*; et qu'il ne s'agit point d'un christianisme nouveau, d'une diminution de la vérité, de concessions à faire au détriment des dogmes de notre foi. Il est à remarquer que nous laissons les autres bien tranquilles, que les premières attaques ne partent jamais de notre côté. En ce qui nous concerne, nous pouvons affirmer, notamment, que nous n'avons jamais dit un mot désagréable, et fait une attaque personnelle, sinon comme réponse surabondamment provoquée. De plus, on sait que nous sommes en communion avec nos évêques, que pas une parole de blâme officielle ou officieuse n'a frappé un seul de nos hommes ou un seul de nos journaux, et que nous sommes prêts à renoncer à toute proposition que condamnerait ou blâmerait l'autorité compétente ; n'importe ! les partisans du *statu quo* ne s'en obstinent pas moins à nous excommunier.

Dieu nous garde de porter une main téméraire sur les traditions légitimes ou sur le précieux dépôt de la vérité. Mais Dieu nous garde aussi de croire la vérité contenue tout entière et comme figée dans une formule : telle une vérité morte, une vérité qui ne serait pas de Dieu. Certes il faut accepter la formule, il faut la défendre, parce qu'elle constitue l'acquis, le rempart, la haie sainte, dans l'intérieur desquels on peut toujours trouver un abri ; mais ce n'est point une raison pour s'enfermer dans la formule, pour s'y cloîtrer comme dans une tour d'ivoire, pour s'interdire tout regard vers l'horizon.

Le Créateur nous a jetés dans le monde comme dans une énigme vivante. C'est notre rôle, notre mission, notre devoir de chercher, sans repos, l'angoissante réponse. Aussi bien dans l'ordre physique que dans l'ordre moral, aucune recherche ne nous est interdite, pourvu que notre esprit reste soumis à l'infaillible Église, notre volonté bien décidée à laisser le dernier mot à son enseignement.

Et si quelques-uns d'entre nous, pionniers plus hardis, téméraires peut-être, s'acharnant plus que d'autres en cet obstiné labeur, allaient trop loin et méritaient d'être avertis, c'est un accident que les retardataires, pour leur part, n'auront jamais à déplorer, mais pour nous, ce ne serait pas un malheur, ce serait plutôt une victoire, puisque l'Église nous aurait donné ce que nous cherchons : la vérité.

Notre action a une forme nouvelle, soit. Mais est-ce qu'il n'en a pas toujours été ainsi dans l'Église ? Est-ce que la prédication de saint Jean Chrysostome ressemble à celle de saint Pierre ? Est-ce qu'une homélie de saint Augustin se présente comme un sermon de Bossuet ? Est-ce que l'apologétique de Pascal ressemble à celle de saint Justin ? N'y a-t-il pas une absolue différence de méthode entre Tertullien et saint Thomas, entre saint Cyprien et le Père Monsabré ?

Seule, l'autorité dûment chargée de veiller au bien général et au salut de l'Église peut limiter notre indépendance, et même, quand la vérité n'est point en cause, trouver, en raison des circonstances, certains élans prématurés. Nous sommes et nous resterons des fils d'obéissance ; mais tant que la voix souveraine se taira, nous resterons aussi des fils de liberté.

Comme elle est plus belle, plus large, plus
féconde, la conception catholique de l'apostolat
chrétien ! Et, d'ailleurs, l'histoire ne nous montre-
t-elle pas que c'est de l'initiative privée que sont
parties les plus grandes œuvres, même au point
de vue chrétien ? Les grands fondateurs : et saint
Benoît, et saint Bruno, et saint François, et saint
Dominique, n'ont-ils pas été traités de novateurs,
s'étant mis en marche sous leur propre responsabilité ? Une humble religieuse, Marguerite-Marie,
ne fut-elle pas choisie de Dieu pour nous révéler
la sublime dévotion au Sacré-Cœur, et la petite
pastoure Bernadette n'a-t-elle pas amené à Lour-
des des évêques, des prêtres, des millions de
pèlerins ?

L'Église nous laisse faire. Gardienne du dépôt
de la foi, de cet ensemble de traditions qui constitue le fond de la vie chrétienne, elle se réserve
le droit d'arrêter des audaces qui peuvent devenir des erreurs ou qui sont des inopportunités ;
mais elle laisse souffler l'Esprit où il veut, elle
laisse leur libre épanouissement aux âmes, elle
ne nous attache point avec des lisières ; si nous
allons trop loin, sa voix suffit à nous rappeler [1].

---

1. Si nous allons trop loin... mais combien de fois ne
traite-t-on pas d'exagération, d'imprudences condamna-
bles des thèses qui se trouvent, et souvent avec une force
d'expressions devant laquelle les plus hardis d'entre nous
reculeraient, dans les Pères et les théologiens. « Lisez,
dit à ce propos l'abbé Calippe, devant une réunion

Sera-t-il permis à celui qui écrit ces lignes de dire qu'il a pris dès le premier jour de sa vie publique la résolution de marcher dans cette voie et qu'il n'a, à l'heure actuelle, aucune raison de n'y point persévérer? On lui reproche parfois d'aller trop vite ; tant que l'Église ne le lui reprochera pas, il ne donnera à personne le droit de le condamner. Il ne faut certes pas dédaigner les avis des hommes sages ; il faut, parfois, savoir faire le silence, pour un temps, même sur des idées que l'on croit bonnes ; mais il faut aussi ne pas hésiter à suivre sa route quand on pense que c'est un devoir d'aller de l'avant.

Or, tout cela me rappelle la grande amertume d'un bien douloureux souvenir.

d'hommes assez instruits, et sans en indiquer l'origine, telle ou telle page peu connue des Pères de l'Église, ou, si ceux-là paraissent trop hardis, d'un saint Thomas, d'un Suarez, d'un Bossuet, sur les questions les plus brûlantes d'aujourd'hui : l'origine du pouvoir, la propriété, le travail ; neuf fois sur dix vos auditeurs, mal avertis, les attribueront, non point à ces hommes illustres, mais à quelque obscur abbé de leur voisinage, réputé démocrate ou « socialiste ». Qu'on prenne par exemple, dans le *Panégyrique de saint François d'Assise*, 1ᵉʳ point, la page superbe de Bossuet sur la propriété : « Je dis donc, ô riches du siècle... » ou quelqu'un des extraits de saint Thomas d'Aquin qu'a cités Ozanam, comme « documents » à la fin de son livre sur *Dante et la Philosophie catholique au XIIIᵉ siècle*. (Voir *Les Démocrates chrétiens*, par Ch. CALIPPE, p. 257 ; *Revue du Clergé français*, 1ᵉʳ janvier 1899.

*
* *

Il me souvient d'un soir triste, veillée funèbre où j'écrivais le dernier article du *Monde*, le vaillant journal qui, le lendemain, devait mourir. Il y avait un lourd manteau de deuil sur mon âme, les griffes d'un étau serraient mon cœur, et — pourquoi ne le dirais-je pas? — sur le papier où travaillait ma plume, il tombait des larmes, de ces larmes que l'on verse devant Dieu, pour soi, afin de ne pas étouffer, et que les anges recueillent peut-être...

Oh! ces choses auxquelles on avait attaché sa vie, toute sa vie, quelle souffrance, quand on les voit s'alanguir, s'anémier, et n'ayant plus de souffle, plus de sève, tristement mourir, tandis qu'on ne veut pas croire le malheur possible, trouvant que c'est bête, ces morts-là, que c'est contre le droit, contre la justice, contre tout. Il faut alors se souvenir qu'on est chrétien ; que, par delà les horizons de la terre, il y a d'autres horizons, plus grands, plus beaux, plus lumineux, dont les grandeurs, les beautés et les lumières empruntent des splendeurs nouvelles aux raisons cachées des épreuves que nous ne comprenons pas...

L'avenir était sombre. J'avais livré une bataille et la bataille était perdue ; et je savais, à n'en pas douter, que beaucoup, beaucoup, parmi mes frères, me regardaient comme un mauvais soldat, un soldat qui avait tout compromis, même l'honneur, un transfuge qui avait passé à l'ennemi, un traître qui s'était fait payer sa trahison en belles espèces sonnantes, alors que je ne savais pas si mon vénérable père et ma vénérable mère, qui avaient accepté l'exil, vieux arbres qui s'étaient transplantés loin du sol natal pour m'offrir, sinon l'appui de leur force, au moins l'amour de leur cœur, en des jours d'épreuves qu'ils prévoyaient, pourraient manger du pain.

Ceux qui n'ont pas eu de ces heures en leur vie — sous une forme ou sous une autre — n'ont pas vraiment vécu.

Et voilà que tout cela me revient ce soir, tandis que j'écris ces lignes ; voilà que mes blessures se rouvrent, comme ces crucifix de la légende qui saignaient aux anniversaires de la Passion ; et je réfugie ma pensée dans le souvenir de cette heure si douloureuse de l'amer passé où, devant l'âpre et dure réalité, j'ai senti se briser mon cœur.

Lorsque j'eus écrit et relu l'article dont je parlais tout à l'heure, je pris ma tête dans mes mains et je songeai.

Et il me sembla qu'au fond, tout au fond de moi-même, il y avait une voix — la voix qui se fait toujours entendre à l'âme dolente qui s'arrête pour écouter :

« Qu'importe! disait la voix, qu'importe! Après tout, quand on a fait ce qui dépend de soi, qu'importe que l'on ait marché plus ou moins vite, que l'on soit allé plus ou moins loin, si toujours on a marché vers l'étoile et si, malgré des oublis, des faiblesses, des fautes peut-être, tristes conséquences de l'humaine infirmité, on a toujours voulu le bien; si on lui a tout sacrifié, si on est resté pauvre, mais toujours digne, ayant conservé le droit de porter haut son âme, fièrement devant tous, sous le regard de Dieu!

« Alors, quand, au soir des funérailles, on s'est agenouillé au pied de son crucifix ; lorsqu'on a dit à Celui dont la tête s'incline vers les pleurants : Que votre volonté soit faite ; lorsque, dans la nuit silencieuse, on s'en va vers l'avenir; alors il y a quelque chose dans l'âme qui demeure ; quelque chose qui survit aux espoirs éteints et aux rêves démolis ; quelque chose qui parle et qui domine le cri du chacal ou le croassement du corbeau guettant le cadavre et attendant la curée...

« Alors, regardant toujours là-haut, on voit briller plus ardente, plus éclairante, la belle étoile; alors, sur la route, parfois, Dieu met un passant dont les lèvres disent des choses douces, tandis que sa main montre le ciel.

« Et d'un pas plus assuré, on reprend la marche. On se dit qu'aux heures tristes succèdent d'autres heures qui ne le sont pas ; on entrevoit l'aurore de nouveaux jours de bataille ; on sent la sève puissante qui emplit l'âme ; on se souvient qu'on a juré fidélité au devoir ; on renouvelle ce serment. Et les armes que le découragement et la lassitude avaient peut-être fait tomber de nos mains, on les reprend avec une ardeur nouvelle, en chantant cet hymne que connaissent tous les vaillants, et dont le *leitmotiv* sans se lasser répète : « Sans crainte il faut marcher vers l'avenir : les vaincus d'aujourd'hui sont les vainqueurs de demain. »

***

N'ayons donc point de découragement. A travers un monde qui ne la connaît pas, soyons les hérauts de la pensée catholique, travaillons à la faire pénétrer dans les milieux où elle est mal comprise ou méconnue ; n'ayons pas peur de la mettre en contact avec le siècle, étudions sa philosophie et sa morale sociales, efforçons-nous d'en montrer à nos contemporains les profondes harmonies, les sublimes convenances, les radieuses beautés. Ne fléchissons jamais dans le domaine du dogme ou dans celui de la morale ; pour défendre la vérité sacrifions tout : notre fortune, notre travail, notre force, notre santé, notre tête, si Dieu le veut. Puis soyons fidèles à toutes les nobles inspirations, épousons toutes les causes généreuses, soyons des hommes de progrès, marchons dans la lumière, vers l'étoile, les yeux au ciel.

Hommes du présent par notre labeur, soyons hommes de l'avenir par notre espérance. Et quelles que soient les déceptions, les deuils, les oublis, les fautes même, ne croyons jamais tout perdu. Restons prêts pour la bataille, toujours jeunes, sous le regard et au sourire de Dieu, prenant pour règle de notre vie l'enseignement de l'apôtre saint Paul à ceux de Philippes : « Mes frères, que tout ce qui est vrai, et ce qui est respectable, tout ce qui est juste, tout ce qui est pur, tout ce qui est aimable, tout ce qui est honorable, tout ce qui est une vertu, tout ce qui est un éloge, soit l'objet de vos désirs [1]. »

1. Philip., IV, 8.

CHAPITRE X

Socialistes et démocrates chrétiens

*Les deux courants sociaux. — Nous différons des
socialistes par le but, les moyens, le point de départ. — Synthèse du Socialisme et de la Démocratie
chrétienne. — Le Capitalisme né de l'égoïsme et
de l'injustice. — Les revendications démocratiques.
— Points de contact. — Les démocrates jugés par
les socialistes. — La mentalité de l'ouvrier socialiste. — Tactique des meneurs. — Idée fausse sur
leur méthode. — Leur esprit d'apostolat. — La
magie des formules. — Egalité mal comprise. —
Le bien-être pour tous. — Le secret de la force des
socialistes. — Pourquoi ils redoutent les démocrates chrétiens.*

Il est de bonne tactique et de pieuse coutume
chez certains adversaires d'affecter de nous confondre avec les socialistes. Pour cela, il faut évidemment ne connaître ni les socialistes ni les
démocrates, n'avoir jamais lu leurs programmes,

feuilleté leurs livres, écouté leurs orateurs. Mais quand il s'agit de nous, s'embarrasse-t-on pour si peu ?

Il est pourtant facile à tout esprit non prévenu de constater qu'un abîme sépare les deux écoles, un abîme que nul pont ne permet de franchir.

La société au milieu de laquelle nous vivons est traversée par deux grands courants philosophiques, selon lesquels s'orientent plus ou moins pleinement les esprits et les volontés. L'un — le courant matérialiste — qui tend à la déification de l'homme ; l'autre — le courant spiritualiste — qui a son expression la plus haute dans la foi chrétienne et qui conduit vers Dieu. De ces courants, les socialistes suivent le premier ; et, bornant leur horizon aux choses de la terre, ils proclament pour tous le *droit égal au bonheur*. Les démocrates chrétiens, eux, suivent le second. Partant du principe de la fraternité originelle en le Père qui est au ciel, ils aident les faibles, les petits et les déshérités à conquérir toute la part de bonheur que Dieu a assignée à ses créatures ; mais sachant qu'il y a d'inévitables inégalités sur cette terre, ils n'ont garde d'oublier les providentielles compensations du paradis.

L'un et l'autre parti travaillent à faire aboutir une transformation sociale ; mais des deux côtés le but diffère, comme, d'ailleurs, le point de départ et les moyens.

**
* **

On peut résumer sous trois chefs principaux les dogmes du Socialisme tel qu'on le professe aujourd'hui :

1° Socialisation de la propriété capitaliste ;

2° Conquête du pouvoir politique au profit du prolétariat ;

3° Entente internationale des travailleurs pour briser, par la force, si c'est nécessaire, l'hégémonie de la classe possédante.

Or voici, parallèlement et sur le même terrain, la triple formule des démocrates chrétiens :

1° Droit chrétien de la propriété privée ;

2° Organisation et représentation professionnelle pour le bien de tous, et non au bénéfice exclusif d'une catégorie sociale, quelle qu'elle soit ;

3° Législation internationale du travail, afin de résoudre le conflit pacifiquement.

Cela doit suffire à montrer l'orientation absolument différente des deux partis. Essayer de les confondre est donc une erreur ou une calomnie, et ni les démocrates chrétiens ni les socialistes révolutionnaires ne veulent accepter cette confusion.

Est-ce à dire qu'il n'y a rien de commun dans les enseignements des deux écoles ?

Non, certes ; et nous nous en réjouissons, regardant comme une bonne fortune de trouver certains points de contact avec des hommes dont tant de fossés nous séparent et de voir ces mêmes hommes rendre, avec nous, sur ces points, un hommage d'autant plus significatif à la vérité.

Les démocrates chrétiens constatent que deux grandes sources du mal social se trouvent dans l'égoïsme et dans l'injustice.

Dans l'*égoïsme*, qui a faussé la notion du droit de propriété, droit incontestable, sans doute, mais droit limité par les circonstances, les traditions, les coutumes, les lieux, la nature des choses, et qui n'a rien de commun avec ce droit brutal, sans charges ni responsabilité, qui a fini par prévaloir : privilège justifié, sans doute, mais qui n'autorise pas ses bénéficiaires à vivre sans travailler, et dont l'abus n'explique que trop les revendications furieuses et les négations absolues de ceux qui ne possèdent pas.

Dans l'*injustice*, qui se manifeste surtout à l'occasion du contrat de travail et dans la conception inexacte du salaire laissé à l'arbitraire du patron, et entraînant l'insécurité du lendemain, état ordinaire de la vie de l'ouvrier.

Ce système, dont nous esquissons à peine quelques traits, les démocrates chrétiens l'appellent le *Capitalisme*. Engendré par un principe faux de l'économie politique dite « orthodoxe » : « La richesse est le but de la société », il ne nous paraît pas moins dangereux que le Socialisme dont nous sommes menacés. De lui vient cet abominable état social, caractérisé par le *struggle for life*, et qui a pour conséquence la ruine du sens moral, le naufrage des traditions, le « *per fas et nefas* » des plus audacieux parvenus. De lui vient encore ce culte de l'argent qui nous fait excuser avec une incroyable facilité les méfaits du riche et juger si sévèrement les fautes des miséreux ; qui appelle la vindicte des lois sur des ouvriers coupables — et il n'est point ici question de les innocenter — dans une grève, d'avoir endommagé la porte ou les fenêtres de l'usine, mais qui salue très bas le gros spéculateur, à la boutonnière tachée de rouge, qui a ruiné, détruit les conditions du travail dans toute une contrée et arrêté pour des années, des semaines d'années parfois, la vie économique d'un pays.

A ce *Capitalisme*, maudit des faibles et des pauvres, les démocrates chrétiens ont juré une haine à mort. En toute occasion, ils protestent contre lui et revendiquent les droits de leurs frères malheureux. Ils demandent — on nous permettra de rappeler ici quelques points du programme déjà exposé — que le travailleur ne soit point traité comme une machine par son employeur, mais comme un frère, comme une créature de Dieu ; que, par suite, ce frère ne soit pas surmené de travail ; que les heures de ce travail soient limitées et qu'il ait, chaque dimanche, le repos que six jours de labeur lui ont largement mérité. Ils demandent que le minimun de salaire puisse répondre à la vie de l'ouvrier, à la vie normale, s'entend ; qu'il puisse jouir de son droit à la famille ; que le souci du pain quotidien n'arrache pas sa femme au foyer et n'en fasse pas trop tôt partir les enfants. Ils demandent un système d'assurance qui garantisse l'avenir du travailleur, le jour où, soit par maladie, soit par vieillesse, se produit une incapacité de travail. Enfin, sachant la faiblesse des individus isolés et la force de l'union, ils poussent à l'association sous toutes ses formes et veulent confier aux sociétés ouvrières la défense des intérêts du travail.

Tel est, non point l'ensemble de la doctrine des démocrates chrétiens, mais l'orientation de leur marche sur le terrain économique. Quant à ceux qui nous objectent que beaucoup de ces revendications se montrent aussi dans le programme socialiste, nous leur répondrons que c'est là une preuve de la puissance de l'esprit évangélique qui pénètre partout, et nous continuerons notre chemin.

*
* *

Mais si nous sommes heureux d'avoir ainsi quelques points de contact avec des frères égarés,

les socialistes ne partagent point ces sentiments,
et ils ont maintes fois jeté leur cri d'alarme,
signalant à tout leur parti le danger qui les me-
nace et dont ils n'essaient pas de dissimuler la
gravité :

Les vrais ennemis, les seuls redoutables du prolétariat socialiste, ne sont pas ces bourgeois oisifs
que la digestion paralyse, qui se reposent sur des
mercenaires du soin d'être défendus. Nous ne les
voyons pas davantage parmi les vieux débris de
l'aristocratie terrienne, drapés dans leur intransi-
geance facile, parce que bien rentés ; non plus dans
la bande gueularde et puante des rodomonts à la
Cassagnac, sans talent, sans courage, uniquement
préoccupés de la satisfaction journalière de leurs
crapuleux besoins et flairant aux portes de maisons
royales ou impériales pour découvrir l'office le
mieux fourni de pitance.

Ceux que nous devons par-dessus tout redouter,
sur qui il nous faut veiller sans répit et qu'il nous
faut combattre sans merci, possèdent une méthode
savamment combinée ; ils suivent des chefs pleins
de ressource ; ils obéissent à des voix dont l'élo-
quence exerce sur les masses ouvrières un charme
pernicieux, parce qu'elle les endort, en leur apprenant la résignation.

Avant qu'il soit longtemps, les soi-disant démocrates auront pris contre nous la première place
dans la bataille sociale ; ils seront la phalange autour de laquelle se rallieront les conservateurs aux
abois et les républicains félons. Mais, en dépit de
tous ces avantages, ils n'opposeront qu'un obstacle
passager au prolétariat socialiste, car ils n'ont pour
nous combattre que des négations et d'ineptes uto-

pics. Même en y joignant l'aide de Dieu et de la
Vierge Marie, ces armes-là nous semblent impro-
pres à donner la victoire.

Ainsi écrivait, dans la *Petite République*, au
lendemain du congrès des démocrates de Reims,
M. Gérault-Richard, député de Paris.

Pourquoi ce cri d'alarme et cette crainte si
ouvertement manifestée ?

On se tromperait étrangement si on croyait
que les ouvriers qui, dans certaines régions, se
rangent en masse sous le drapeau socialiste, connaissent, même par ouï-dire, les doctrines auxquelles ils prétendent adhérer. Au fond, les théories importent peu à ces hommes qui peinent et
qui souffrent, sans être suffisamment dédom-
magés de leur souffrance et de leur labeur. Ce qui
leur importe, c'est qu'on veuille les aider à chercher une issue à la douloureuse situation au
milieu de laquelle ils se débattent, et beaucoup
d'entre eux sont allés au Socialisme parce qu'ils
ont cru trouver là une porte de sortie qu'ils
n'avaient point trouvée ailleurs. Les orateurs du
parti révolutionnaire ont détourné les foules en
leur répétant sans cesse que l'Église ne sait que
prêcher la résignation. Sous cette forme, leur
parole est inexacte; mais il n'en est pas moins
vrai que, trop souvent, les hommes qui parlaient
au nom de l'Église, oubliant que l'Évangile con-
tient aussi des maximes de justice et pas seule-

ment des conseils de patience, ont donné quelque motif à cette accusation.

« De ce côté-là, disaient les socialistes en nous montrant, il n'y a rien à espérer. Les cléricaux bien nourris montrent le ciel à ceux qui crèvent de faim sur la terre ; vous êtes bien naïfs si vous les écoutez. » — Sans doute, on répondait qu'il y a, chez les catholiques, autre chose que des exhortations à la patience ; que les œuvres engendrées par la charité sont là pour marquer l'intérêt que nous prenons aux souffrances des miséreux. Mais les miséreux s'obstinaient à redire qu'ils n'étaient pas sur la terre pour vivre d'aumônes et qu'ils en avaient assez du métier de mendiant.

Avaient-ils tort ? Nous ne le croyons pas.

Cela, le peuple le sentait, le comprenait comme nous ; les paroles de justice produisaient leur effet, et il suivait aveuglément ceux qui les faisaient entendre, sans se demander si on ne risquait pas de l'entraîner trop loin.

Ainsi le Socialisme a grandi. Beaucoup s'imaginent que c'est en flattant les passions mauvaises que les meneurs réussissent à recruter leurs soldats ; il y a là une erreur ; ceux qui parlent ainsi ne se sont jamais donné la peine d'étudier et de suivre de près le mouvement. Non. Ce que les meneurs socialistes présentent au peuple dans leurs harangues enflammées, ce n'est pas la révolution qui détruit, c'est la révolution qui réédifie : ce n'est pas la conquête du pouvoir qui permettra aux conquérants de satisfaire toutes leurs fantaisies, c'est l'établissement d'un état de choses qui ramènera la justice et permettra à chacun de gagner sa vie, et, en travaillant, de manger du pain.

*
**

Puis, il faut bien le dire, et cela n'est pas sans faire une profonde impression sur l'âme naïve, au fond, de l'homme du peuple, rien n'égale l'énergie avec laquelle les apôtres de l'idée socialiste poursuivent leur apostolat. Les députés surtout, qui voyagent sans bourse délier et qui prennent fort au sérieux leur qualité « d'élus du parti », sont vraiment infatigables. Dès que les Chambres sont en vacances, il est rare qu'une semaine se passe sans que nous lisions dans les journaux le compte rendu d'une et quelquefois de plusieurs réunions socialistes en divers points du territoire.

Très habilement et très justement aussi, n'hésitons pas à le dire, ils s'appuient sur les nombreux abus de notre état économique et social. Ils disent et prouvent au peuple qu'ils connaissent ses besoins et ses souffrances ; puis ils glissent insensiblement vers l'exposé de leurs néfastes doctrines. Et le peuple qui les applaudissait au commencement, parce qu'il sentait que leurs paroles étaient des paroles justes, les applaudit encore à la fin, parce qu'il subit l'entraînement.

Ainsi se composent les auditoires, ainsi se font élire les députés, ainsi la doctrine pénètre dans la nation. Interrogez individuellement les hommes du peuple qui agissent et qui votent dans ce sens : quatre-vingt-dix-neuf fois sur cent ils seront incapables de vous donner du Socialisme la moindre définition. Ils ne savent qu'une chose, c'est qu'ils appartiennent à la grande armée, et ils lui appartiennent depuis le jour où, leur esprit simpliste ayant compris la première partie de la théorie égalitaire, la conviction d'un droit absolu au bien-être est entrée dans leur volonté.

Nous qui pouvons démêler le vrai du faux, qui connaissons les idées de derrière la tête des parleurs à la langue dorée, nous savons ce qu'il faut penser de toutes ces belles promesses, nous savons que les moyens proposés vont à l'encontre du but ; nous savons que les conséquences de ces doctrines sont épouvantables, et nous regardons comme un devoir de les combattre sans merci. Mais le peuple ne voit pas si loin. Ces hommes sont venus à lui avec de bonnes paroles sur les lèvres, lui montrant qu'ils comprenaient ses souffrances, lui offrant de travailler avec lui à les diminuer. Le peuple n'en a pas vu davantage, il s'est mis à leur suite, et les soldats du parti socialiste ont été enrôlés.

Or, tandis que les meneurs socialistes se félicitaient déjà, dans l'espoir d'une prochaine victoire, voici qu'un groupe de catholiques ardents et décidés est entré en scène. Après avoir réfléchi sur la situation présente, ces hommes ont repris le vieil Évangile, et le relisant, comme jadis le relisaient leurs pères, ils ont constaté que bien des choses allaient mal parce que les principes de justice qu'on y trouve étaient oubliés. L'ayant constaté, ils l'ont dit. Maintenus dans les sages limites par la doctrine de l'Église, dont ils sont les enfants, ils se sont gardés de certaines exagérations et violences, dans lesquelles tombaient les meneurs socialistes. Le peuple ouvrier s'en est vite aperçu. Et nul ne pourrait dire quel bien nous a fait à cet égard le rôle à la Chambre du si éloquent et si sympathique abbé Lemire. Trouvant chez ces catholiques les paroles de justice dont il avait besoin ; sentant ainsi, comme d'instinct, qu'il y avait là plus de sagesse et de souci de sauvegarder tous les droits, une partie du peuple ouvrier a commencé à se rapprocher de ces nouveaux venus. Hier les socialistes semblaient seuls travailler pour les déshérités de ce monde ; aujourd'hui les déshérités trouvent d'autres défenseurs ; ils hésitent et vont faire leur choix.

Voilà ce qui cause la crainte du parti de la ré-volution violente ; voilà pourquoi M. Gérault-Richard déclare la patrie en danger. Ils sentent tous que les démocrates chrétiens sont une force, la seule force qui puisse défendre contre eux l'ordre et la liberté. Ce qu'ils craignent, ce n'est pas l'aristocratie, ce n'est pas la fortune, ce n'est pas la bande « des rodomonts à la Cassagnac » ; ils savent pertinemment que ces hommes-là ne feront jamais rien. Ceux qu'ils redoutent, « ceux qu'il faut combattre sans merci », ce sont les démocrates chrétiens, qui, « avant qu'il soit longtemps, auront pris la première place dans la bataille sociale ». Tout cela doit évidemment nous encourager ; tout cela montre le cas qu'il faut faire des accusations portées contre nous.

Et cependant les adversaires ne désarmeront point, ils continueront de prétendre que nous sommes les amis des socialistes, que nous avons pour eux des faiblesses coupables, etc., etc. Mais ils se trompent s'ils croient nous arrêter ainsi. Laissons-les dire ; et, sous le regard de Dieu, passons notre chemin.

CHAPITRE XI

Les « Classes dirigeantes »

Que faut-il entendre par cette expression : les classes dirigeantes ? — Affirmation et négation. — Récompenses et privilèges. — Le bien et le mal ? — L'intervention de l'État peut-elle être un remède. — Émancipation graduelle du peuple. — Il veut faire son propre travail. — Réforme impossible. — Action nulle des prétendues classes dirigeantes. — Pas de prêtres. — Pas de vertus sociales. — Les leçons de l'histoire. — En Angleterre. — Infériorité manifeste des prétendus dirigeants. — Principes faux. — La faillite. — Parole du Pape. — La guerre de classes. — Transformation sociale. — La fin des monopoles.

Et d'abord que faut-il entendre par cette formule : les « classes dirigeantes », certains disent : les « classes élevées » ?

Ce pourrait être, dit M. Lapeyre, « les classes

chargées d'enseigner le vrai et de faire régner le bien ».

Pour M. de Mun et ses amis, c'est « un groupe d'hommes qui, grâce à une certaine situation transmise le plus ordinairement par l'hérédité, ou acquise par la fortune, se trouvent comme investi de la mission de conduire, en tant que groupe, le reste du corps social ».

Les démocrates chrétiens professent que ces classes, que ce groupe, n'existent pas.

« Si l'état démocratique, disait M. de Mun dans un discours célèbre, est un état de fait que l'on peut, que l'on doit même accepter, en cherchant, par tous les moyens, à le christianiser, à l'organiser, il n'y a pas, cependant, de société viable en dehors de certains principes que les hommes peuvent bien méconnaître, mais qu'il n'est pas en leur pouvoir de renverser. De ce nombre est le rôle social des « classes élevées ».

Les démocrates chrétiens ne croient pas davantage qu'il y ait là un principe nécessaire au bon ordre social.

Affirmation d'une part, négation de l'autre, il paraît clair que l'on n'est pas près de s'entendre. Et, à vrai dire, c'est à peu près la seule divergence absolument grave qu'il y ait entre nous et l'école de M. de Mun, avec laquelle, d'ailleurs, nous sommes heureux de nous reconnaître de nombreux liens de parenté.

*
* *

Ce qui devait entraîner, ce qui, de fait, a entraîné
la disparition des anciennes classes dirigeantes,
c'est qu'il est arrivé un moment où leurs privilèges n'ont plus été le prix légitime d'une fonction.
L'extension du service militaire a fait disparaître
la classe des nobles-soldats, l'avènement du suffrage universel a supprimé la classe des bourgeois législateurs. A la frontière, c'est le peuple
tout entier qui sauve la patrie ; au Parlement, c'est
le peuple tout entier qui fait les lois. D'ailleurs,
quand on veut bien regarder dans l'histoire d'autrefois, on ne tarde pas à s'apercevoir que, en
fait, pour ne considérer que notre pays, la France,
au Moyen-Age et sous l'ancien régime, a surtout
été gouvernée par des légistes et par des prêtres,
c'est-à-dire — chose curieuse — que les vrais dirigeants n'étaient pas pris dans la classe de ceux
que certains regardent comme les plus aptes à
diriger.

Toutefois nous croyons que la hiérarchie des
classes fut jadis nécessaire et bienfaisante, au
moins en principe, car la malice des hommes empêche souvent les meilleures choses de produire
leur effet ; mais nous croyons aussi que cette hié-

rarchie ne répond plus aux nécessités du temps présent. Le peuple n'a plus besoin, comme jadis, de défenseurs et de tuteurs ; lentement son éducation s'est faite, et il a pris sa place au soleil.

Est-ce à dire qu'on puisse l'accuser d'ingratitude, s'il veut se soustraire à la suprématie des classes qui l'ont dirigé jusqu'à ce jour ? Non, certes, car ces classes n'ont pas travaillé gratuitement, elles ont été payées en privilèges. Ces privilèges, nous l'avons reconnu, le plus souvent n'offensaient en rien la justice, étant la compensation légitime, le salaire dissimulé d'un service public ; mais aujourd'hui ils n'ont pas plus de raison d'exister que la classe elle-même, le service n'existant plus.

Le Père Antoine, le savant auteur du *Manuel d'Economie sociale*, indique assez exactement quels sont, en général, les avantages et les dangers des classes tant pour les individus que pour la société.

Le citoyen, dit-il, trouve dans la classe à laquelle il est rattaché : 1° la protection de sa liberté et de ses droits professionnels ; 2° les moyens de développer ses aptitudes et d'exercer son métier ou sa profession ; 3° des secours dans les diverses infortunes de de la vie ; 4° un abri contre la concurrence effrénée et la guerre sans merci que se font les membres d'une même profession isolés et sans défense.

La société trouve dans l'organisation des classes :
1° l'ordre et l'harmonie ; 2° un élément de prospérité
publique, le travail étant mieux distribué, la production mieux réglée, la répartition des richesses mieux
connue et mieux surveillée ; 3° un gage de paix et
de sécurité, les conflits entre classes différentes étant
plus faciles à résoudre par les représentants et délégués de chaque classe.

**Remarquons ici que ces avantages proviennent
de la diversité et non de la hiérarchie des classes.**

Malgré les avantages qu'elles présentent, continue l'auteur, les classes peuvent offrir à la société
des dangers réels. Le premier serait d'exclure tout
ce qui n'a pas vu le jour dans leur sein et de se transformer ainsi en castes fermées, comme sont les fameuses castes indiennes. De là résulte un préjudice
considérable pour la classe elle-même. Par défaut
d'un sang nouveau que lui auraient infusé les hommes qui, ayant les conditions et les capacités requises, seraient entrés dans ces classes, elles se
trouvent frappées d'une espèce d'anémie physique
ou morale, et cessent d'être utiles à la communauté
et à toute la société.

Un autre danger, c'est que, facilement, les classes
et les individus qui y appartiennent oublient les intérêts de la société et le bien commun pour préférer
leurs intérêts particuliers, lorsqu'ils cherchent à
s'enrichir, à augmenter la prépondérance de leur
classe au détriment du reste de la population. Dans
ce cas, l'exubérance et la prépondérance d'une
classe devient funeste à la société parce qu'elle débi-

lite la vie et la force des autres organes au détriment du *corps social*[1].

Le R. P. Antoine croit qu'une sage intervention de l'Etat pourrait remédier aux inconvé-
nients qu'il expose et maintenir les classes dans
leur rôle naturel; nous ne le croyons pas. D'ailleurs, le peuple n'en veut plus; il entend se diriger
lui-même et être responsable de sa direction.
Nous allons plus loin. Nous sommes persuadé
que, le voulût-il, le peuple ne pourrait pas ressusciter la hiérarchie des classes sociales. Car il
ne faut pas s'imaginer qu'une nation est absolument libre d'agir à sa guise dans le choix de son
système de gouvernement. En théorie, cela peut
sembler raisonnable, mais en pratique on s'aperçoit bientôt qu'il faut tenir compte, non des pré-
férences théoriques, mais du tempérament national, du degré de civilisation, de l'état social, etc.

Lorsque les peuples étaient encore enfants —
et les faits sur ce point nous semblent être en
opposition avec la thèse de Taparelli — ils se
groupèrent chacun autour d'un homme auquel ils
remirent la garde de leurs intérêts. Plus tard, ces
intérêts se compliquant et se multipliant, une
aristocratie se forma autour de l'homme, et, sous
une direction plus ou moins absolue, cette aristo-

1. Cf. *Association catholique*, 15 juillet 1896. — Organisme social, p. 40.

cratie prit part au gouvernement. Aujourd'hui, malgré l'éternel cliché à l'usage des conservateurs : « Le peuple, un éternel enfant », le peuple se sent majeur et veut veiller lui-même à ses propres affaires ; qui songerait à le lui reprocher ? Les autres régimes n'ont pas voulu, n'ont pas su, ou n'ont pas pu lui assurer le respect de ses droits : de ses droits matériels, de ses droits intellectuels, de ses droits moraux, de ses droits religieux, la tranquillité du jour, la sécurité du lendemain ; aussi veut-il mettre lui-même la main à l'œuvre et chercher son salut dans ses propres efforts.

Le Play, qui cependant a fondé sa théorie sociale sur l'action de la classe « dirigeante », est bien obligé de reconnaître la stérilité de cette classe, et il en donne la raison : La France, dit-il, « a cruellement souffert des maux engendrés par la corruption des anciennes classes dirigeantes... Si la Révolution française a montré tant de violence, c'est que la noblesse, le clergé et les corporations de l'ancien régime n'avaient pas su se réformer. »

*
* *

L'auraient-elles pu, quand bien même elles l'auraient voulu ? Est-il *humainement* possible à un corps collectif de se réformer ? Qu'on nous en montre des exemples dans l'histoire ? Il serait bien difficile d'en trouver. Voilà pourquoi les anciennes « classes dirigeantes » ont été à peu près inutiles à l'heure des grands périls sociaux. Quel a été leur rôle en 1789 ? Où étaient-elles en 1830, en 1848 ? Comment ont-elles travaillé à la reconstruction après 1871 ? M. de Mun nous dira-t-il ce qu'ont produit ses généreux efforts pour galvaniser le cadavre et ce qu'est devenue son œuvre des Cercles, l'œuvre par excellence des dirigeants, au service de laquelle des hommes admirables de dévouement ont travaillé près de lui et où lui-même a dépensé, avec un profond esprit de foi, une énergie si vaillante et un si beau talent ? Combien étaient-ils à cette assemblée des Cercles où, naguère, il tenta de faire le procès des démocrates ? Tout cela meurt, je veux dire comme classe, car il y a de très estimables individualités, tout cela est mort. Regardez nos congrès démocratiques, et vous verrez où sont les vivants.

Quelle place occupent-ils dans l'arène sociale, ces dirigeants que l'on veut si obstinément nous imposer? Sont-ils aux avant-postes dans la bataille? Au Parlement, combien le comte de Mun en a-t-il vu seconder ses efforts lorsqu'il a présenté quelques-uns des projets de loi que son grand esprit et son noble cœur considèrent comme des actes de justice en faveur des opprimés? Est-ce qu'au Sénat ils ne brillaient pas au premier rang de ses adversaires?

Les ressources destinées à faciliter leur tâche n'ont servi le plus souvent qu'à accélérer leur chute. Comptez la proportion de ceux qui parmi eux arrivent à quelque supériorité? Et où seraient-ils, si les fils de paysans et d'ouvriers ne venaient, le plus souvent, leur montrer le chemin?

Dans la société actuelle, une classe telle qu'on a conçu cette institution jusqu'à nos jours, ne peut plus être une élite. Il est, d'ailleurs, facile de s'en convaincre, si on veut constater que les anciennes classes dirigeantes dont les cadres restent encore debout, quoique, en réalité, ils n'entourent plus rien, sont absolument dénués des vertus sociales qui les caractérisaient précédemment. Noblesse, bourgeoisie, à ce point de vue, ne sont guère que des noms. Leurs membres peuvent avoir et ont, en réalité, des vertus individuelles; mais des vertus de classe, comme nous en offrait la vieille France, nous n'en voyons pas.

De plus, l'histoire montre que si le peuple accepte parfois assez facilement la direction d'un homme, il regimbe à peu près toujours contre la direction d'une classe. Jusqu'à ce jour tous les progrès politiques, intellectuels, artistiques, etc., portent un nom de particulier, et pas un nom de classe. L'histoire nous montre aussi que, plus ou moins rapidement, mais à peu près fatalement, la classe « dirigeante » finit par constituer un groupe d'hommes oisifs, vivant en marge du droit naturel, de la justice sociale et du droit chrétien, depuis que saint Paul a proclamé la loi du travail : « *Si quis non vult operari nec manducet* : Que celui qui ne veut pas travailler ne mange pas. »

Remarquons aussi que chez nos voisins d'Angleterre — c'est peut-être là un des secrets de leur force — il n'y a pas à proprement parler de hiérarchie de classes. Comme partout, il y a chez eux des inégalités de rang, de fortune, d'intelligence, de fonctions, inégalités qui constituent des degrés, mais ces degrés appartiennent à une masse de même nature. Plus d'un lord a commencé par être ouvrier; et ceux qui ont lu le Mémoire du cardinal Manning pour la défense des *Chevaliers du travail* n'ont pas eu de peine à constater combien le grand cardinal faisait bon marché du fameux principe si cher à nos amis les « féodaux ».

*
* *

La haute culture génératrice d'idées manque généralement à ceux que l'on installe dans la classe « dirigeante ». Non certes qu'il n'y ait pas parmi eux nombre d'esprits distingués, mais l'effort qui élève semble leur être inconnu. Ils sont à peine représentés parmi nos littérateurs et nos publicistes de premier rang : ils se dirigent en masse vers le barreau ou vers l'armée, mais leur action est à peu près nulle pour élaborer, en vue du bien général, ces idées maîtressses, ces conceptions d'ensemble qui pénètrent dans la conscience du peuple et finissent par transformer sa volonté. L'initiative et l'esprit de combativité ne leur manquent pas moins. « Votre vie de collège, de bureau, de salon, vous a tellement affaiblis, disait naguère en pleine Sorbonne l'explorateur Bonvalot à son auditoire bourgeois, qu'elle vous a rendus incapables même de commander à vos domestiques, même de résister à votre concierge. »

Quand on étudie les hommes appartenant à la classe qui conserve la prétention de « diriger », on constate, de plus en plus, son impuissance absolue. On peut montrer, nous le savons et nous nous plaisons à le reconnaître, des hommes de valeur sur lesquels ces reproches ne tombent pas. Mais cela ne prouve qu'une chose, c'est que ces hommes sont dignes d'être des « dirigeants », cela ne prouve pas que leur classe est capable de « diriger ». Quant à attendre une rénovation de l'ensemble, nous n'y croyons pas. Cet ensemble, d'ailleurs, ne peut résister au flot qui l'envahit ; ses principes lui sont communs avec les principes de ceux qui attaquent l'ordre social qu'il veut défendre. La seule différence est que les uns poussent jusqu'au bout, tandis que les autres s'arrêtent en chemin. Les uns attaquent parce qu'ils veulent posséder, les autres défendent parce qu'ils possèdent; tout est là, et le même matérialisme se retrouve au fond.

Car, dit M. Jules Lemaître [1], c'est à une conception toute matérialiste de la société que tend la bourgeoisie incrédule. Or, cette conception est grosse de conséquences. Pour servir ses ambitions, la bourgeoisie a ôté Dieu du cœur des souffrants ; puis elle s'étonne qu'un jour les souffrants se révoltent contre elle. Et pourtant les révolutionnaires inassouvis et furieux sont bien les fils des révolutionnaires repus, devenus conservateurs de leur situation acquise et défenseurs de l'ordre en tant qu'ils en bénéficient. Le dernier mot de la politique sans Dieu, c'est le déchaînement de la brute qui a faim, et qui veut jouir, et qui ne sait pas autre chose. Le bourgeois librepenseur engendre le nihiliste qui le mangera. En vain le bourgeois opposera « les lois universelles imposées à l'humanité... la morale que la nature nous a mise dans le cœur... le bon sens, la nécessité de la résignation provisoire, la patrie, » etc. Que pèsent ces mots pour qui ne croit plus qu'aux besoins de son ventre et aux joies de sa haine?

Et ainsi la « classe dirigeante » a failli à la tâche qui lui incombait. Loin de faire l'éducation morale du peuple, elle a été un objet de scandale et lui a donné le spectacle de la démoralisation. Regardant, ainsi que l'enseigne un de ses représentants, « l'hypocrisie comme un bienfait social »,

---

1. J. Lemaitre, *Les Contemporains*, L. Veuillot, p. 33.

elle aurait voulu conserver à la masse les idées
religieuses dont elle-même s'était débarrassée ;
Dieu n'étant plus qu'un tout-puissant gendarme
capable de sauvegarder ce que les autres gen-
darmes ne sauvegardaient pas suffisamment.

Quant à la partie qui est restée saine, son action a été nulle. Un moment, après la Commune,
elle a paru devoir prendre la conduite des affaires, mais cette apparence n'est point devenue une
réalité. En 1876, elle s'est effondrée lamentable-
ment. Et depuis, malgré des chefs pleins de générosité et de talent, elle n'a pu se relever, bornant
tout son effort à crier contre les socialistes, à
calomnier les démocrates, à constituer un parti
d'opposition stérile sans programme positif et
que l'on a justement nommé le groupe des « anti ».
Elle n'a donné collectivement aucune adhésion
ou collaboration capable d'obtenir un résultat
social important, durable, définitif, et on comprend que le Pape ait pu dire dans sa lettre à
l'archevêque de Besançon[1] que c'est du peuple
que doit venir le salut. « Vous continuerez, disait
Léon XIII, à développer les principes chrétiens
qui doivent servir de base à la constitution chrétienne des sociétés, jusqu'à ce qu'ils atteignent
les ouvriers et les hommes du peuple. C'est cette
classe qu'il est le moins difficile de ramener à
croire la sainte doctrine de l'Evangile et à s'y

---

1. Janvier 1895.

conformer par de bonnes mœurs ; il est impossible d'y arriver sans que peu à peu les classes supérieures et la société tout entière ne subissent l'influence de cette guérison tant désirée : là est le salut des cités et le présage d'un siècle meilleur. »

Certes, nous admirons ces gentilshommes qui, à la suite du comte de Mun, du marquis de La Tour-du-Pin, de l'abbé de Pascal, de M. de Marolles et de nombre d'autres, ont rêvé pour eux et leurs semblables ce rôle très beau. Et nous les admirons d'autant plus que nous savons, pour l'avoir vu et pour le voir tous les jours, que ce n'est pas là une conception purement philosophique ou une fantaisie de dilettantes. La conviction de ces hommes est fondée sur de profonds sentiments chrétiens, et, sortant du domaine des idées, elle pousse à agir et à se dévouer bravement. Mais tout en payant à ceux dont nous parlons le tribut d'une admiration légitime, nous ne croyons pas pouvoir accepter leurs idées. A l'heure actuelle, les « classes dirigeantes » ne pourraient plus se reconstituer que sur la base de la richesse ; et, de fait, malheureusement, aujourd'hui les riches et les pauvres sont peut-être plus profondément séparés par les mœurs que les « ordres » ne l'étaient autrefois par les institutions.

Or, nous protestons contre cet état de choses, nous ne voulons pas de cette dépendance fondée

à peu près uniquement sur le besoin de manger ;
nous ne trouvons cela ni digne, ni humain, ni
chrétien. Nous avons de la société une conception
différente de celle qui, fatalement, engendre l'antagonisme entre deux classes dont l'une, qui ne
peut vivre qu'en travaillant, se soumet à l'autre,
uniquement parce que cette autre est maîtresse
des instruments de travail.

D'ailleurs, redisons-le, de fait, les « classes
dirigeantes » n'existent plus. Et les démocrates
ne sont pas les seuls qui l'affirment. L'abbé de
Pascal, qui certes ne perd pas une occasion de
dire qu'il ne fut jamais des nôtres, lui-même, a
écrit dans son bel ouvrage : *Philosophie morale
et sociale* :

Les formes anciennes des organisations de classes
ont disparu de presque partout, il n'en reste ici et là
que des ombres vaines et les formes nouvelles ne
sont encore pas suffisamment accusées. Nous sommes
à une période d'effondrement et de recommencement,
et il serait difficile de prédire ce que sera demain.

Nous sommes à la lettre, dit aussi M. Hurrel-
Mallock[1], à une époque qui n'a point de parallèle dans l'histoire, et qui est toute nouvelle dans
les expériences de l'humanité. Cet abattement
moral dont nous avons parlé a bien pu avoir son
pendant à d'autres âges, mais le nôtre, pour-
rait-on dire, est en substance vraie ce que l'autre

---

1. Hurrel-Mallock : *Vivre : La vie en vaut-elle la peine ?*
Traduit par Salmon, p. 2o3. Paris, Didot.

n'était qu'en apparence. J'ai déjà remarqué, dans le premier chapitre, qu'un pareil état de choses est jusqu'à présent sans exemple, mais nous avons à revenir encore sur des traits plus généraux.

En moins d'un siècle, toutes les distances ont été annihilées ; le terre, dans la pratique comme dans l'imagination, s'est trouvée réduite à une fraction de ses anciennes dimensions. Ses ressources possibles sont devenues étroites et mesquines, et la statistique nous les a exposées jour par jour ; tous les brouillards où se cachaient des surprises se sont dissipés ; les enthousiasmes locaux d'autrefois qui provenaient surtout de l'ignorance et de l'isolement sont également en dissolution. Les connaissances se sont accumulées d'une façon qu'on n'aurait jamais soupçonnée. Les fontaines du passé semblent s'être brisées pour verser tous leurs secrets dans la conscience du présent. Pour la première fois, la grande et multiple histoire de l'homme est devenue un tout qui s'attache à lui. Comme cause ou comme effet de tout cela, un sentiment nouveau s'est développé chez lui : la conscience intense de sa propre situation ; cette vue entière qu'il a de lui-même nous prépare un changement qui n'est pas encore bien défini ; la base positiviste sur laquelle on a placé le savoir donne à ce changement une force constante et coactive et le rend commun à tout le monde civilisé.

Les classes jadis « dirigeantes » ont donc disparu peu à peu, beaucoup par le fait des circonstances, beaucoup aussi par le fait de leur propre abdication. Déçus, froissés, dégoûtés, à tort ou à raison, par le spectacle des événements contemporains, leurs éléments les meilleurs se sont tenus systématiquement à l'écart des affaires publiques, tandis que les autres, enfermés dans le culte des intérêts matériels, indifférents aux maux qui ne les atteignaient pas, sceptiques, blasés, ennemis de tout effort, écartant tout souci, disaient pratiquement : « Après nous le déluge… » Et ainsi les « classes dirigeantes » ont abdiqué.

A vrai dire, l'eussent-elles voulu, elles ne pouvaient guère agir autrement. Nous le disons plus haut : l'histoire nous apprend que — sauf peut-être dans le régime patriarcal, où la « classe dirigeante » est composée des pères, et la « classe dirigée » des enfants — jamais la classe dirigée n'a accepté sans résistance et sans révolte la suprématie de la classe dirigeante. D'où la division des classes engendre nécessairement la lutte, lutte sourde ou violente, mais lutte sans repos ; en sorte que, le jour où la « classe dirigée » est devenue la plus forte, la classe dirigeante devait disparaître, fatalement. Aujourd'hui, on ne naît plus « classé », comme autrefois : le mot et la chose ont fait leur temps. Il n'y a plus de classes ayant un droit inné au patronage. Si certains hommes, par leur situation, leur fortune, leur naissance, ont des possibilités plus grandes pour travailler au bien général, ces avantages concédés par la Providence leur imposent des devoirs, mais ne leur constituent pas des droits spéciaux, chose nécessaire pour que l'idée de classe pût être conservée.

M. Fonsegrive a fort bien compris ce qui constitue, à proprement parler, l'état nouveau qu'amène ou plutôt qui amène l'avènement du régime démocratique.

C'est par une sorte de condescendance, dit-il, que la bourgeoisie veut maintenant aller vers le peuple ; il est plus que probable que d'ici quelques années cette condescendance même n'aura presque plus lieu d'exister. Les différences sociales s'amoindrissent et s'amoindriront encore. Le nivellement absolu rêvé par les utopistes ne se réalisera jamais ; il y aura toujours une hiérarchie, mais une hiérarchie plus souple, plus flexible, avec moins de distance d'un extrême à l'autre et beaucoup moins de cloisons étanches. Les compartiments sociaux et la sotte manie de « ne pas voir » ceux que nous croyons au-dessous de nous subsistent encore dans la pratique et à tous les degrés, mais en même temps il n'est pas un seul d'entre nous qui ne s'indigne et ne trouve injuste qu'on l'exclue du compartiment immédiatement supérieur. Aristocrates vis-à-vis de nos inférieurs, nous sommes démocrates vis-à-vis de nos supérieurs. Mais tout cela est du sentiment et de la routine, nous en reconnaissons nous-même l'injustice et le ridicule. Dans le fond, et de plus en plus, l'idée de classes tend à disparaître. Il y en a qui en gémissent. Je ne vois pas pourquoi nous nous en plaindrions. Si vraiment nous sommes des démocrates, si nous avons l'âme véritablement démocratique, nous devrions plutôt nous en réjouir.

Oui, c'est toute une transformation sociale qui s'inaugure ; nous sommes, pour employer une expression trop souvent répétée peut-être, à « un tournant de l'histoire » : et, parmi les choses dont le souvenir subsiste encore, mais dont la réalité a disparu de notre horizon, il y a cette fameuse distinction des classes que l'on jugeait indispensable hier, que l'on discute aujourd'hui, que l'on trouvera inutile ou même nuisible demain.

Nous n'hésitons pas à reconnaître qu'à certaines époques l'existence des classes dirigeantes a pu être bonne et même nécessaire ; que, de leur sein, ne soient sorties des hommes supérieurs qui, s'appuyant sur elles, ont eu une action très efficace dans l'ordre social. Mais nous croyons que les monopoles qui constituaient jadis ces aristocraties : monopole sacerdotal comme en Judée, en Égypte ou dans l'Inde, monopole du commandement militaire, comme au Moyen-Age, monopole de la richesse jointe à l'instruction supérieure comme dans la première partie de ce siècle, n'existent plus. Que ce soit leur faute ou la conséquence des événements, la déchéance nous semble définitive et nous n'avons nul besoin de désirer une nouvelle nuit du 4 août pour la consacrer. Contre ceux qui s'imaginent être de « la classe dirigeante » nous n'avons ni haine, ni envie, ni colère ; nous croyons simplement que le groupe auquel ils appartiennent n'a rien de ce qu'il faut pour constituer une classe capable de nous apporter le salut.

Toute cette doctrine est, d'ailleurs, confirmée par l'histoire, qu'il nous soit permis de l'indiquer brièvement.

CHAPITRE XII

Les classes dirigeantes à travers l'histoire

I. — L'ANCIENNE NOBLESSE

*L'ancienne noblesse. — Ce qu'en pensait Lacordaire.
Son rôle à travers les âges. — Privilèges justifiés.
— La décadence. — Vaines tentatives de relèvement.
— A la veille de la Révolution. — Suicide. — L'alliance juive. — Loin de l'Eglise. — Plus de sève.*

Durant de longues années, la noblesse fut, dans notre pays, au moins en droit, sinon en fait, la classe dirigeante; en droit comme en fait, elle était, incontestablement, la classe « élevée ».

Comment la noblesse est-elle tombée? Il y aurait bien des réponses à faire à cette question, et on se souvient de la polémique soulevée jadis, à ce propos, entre Lacordaire et Montalembert.

Celui-ci, dans une lettre, avait violemment dénoncé *l'esprit infernal de la démocratie moderne*. Lacordaire, au nom de cette démocratie, releva le gant et dressa le plus violent des réquisitoires contre l'aristocratie, lui reprochant d'avoir coupé en deux la France religieuse, par l'introduction du protestantisme, « religion des princes et des gentilshommes », par le gallicanisme et l'incrédulité du XVIIIe siècle.

Tous les maux, dit-il, toutes les ruines, toutes les impiétés, toutes les servitudes sont sorties de cette source. Aujourd'hui, la noblesse, revenant par l'expérience à un peu de foi, ne va pas plus loin que la religion de Louis XIV et de Bossuet... Aucun mouvement généreux n'est parti de là depuis cinquante ans... Si la démocratie moderne est souillée jusqu'à présent de bien des préjugés, elle le doit au régime précédent dont elle a eu le malheur de sucer le lait... C'est parce que l'édifice ancien n'est pas croulé tout entier que nous sommes encore esclaves... Tu te perds, mon ami, continue Lacordaire, avec ton goût dépravé pour l'aristocratie. C'est une cause dont le songe n'existe même plus... et par conséquent absurde pour toi qui as consacré ta vie au Christianisme... Dieu est en travail d'une société nouvelle... Nous ne devons rien attendre que des éléments nouveaux cachés dans le sein haletant des peuples modernes, et, sans prévoir quelle sera la forme future de leur existence, essayer à force de charité, de foi et de raison, de les réconcilier à l'Eglise catholique, seule source de l'ordre et de la liberté sur la terre [1].

1. Cf. P. Lecanuet, *Montalembert : sa jeunesse*.

Evidemment, Lacordaire, emporté par son ardeur, allait trop loin, mais dans son réquisitoire cependant tout n'est pas à négliger.

Au Moyen-Age, la noblesse avait été une sorte de gendarmerie nationale, presque exclusivement chargée de la défense du pays, du moins à partir du XIIIe siècle, lorsque disparut l'obligation du service militaire imposée depuis Charlemagne à tous les hommes libres. Aussi voit-on, jusqu'à la fin du XVIe, le métier des armes anoblir ceux qui l'exerçaient. De là ce caractère particulier de la noblesse française d'être beaucoup moins fermée, comme caste, que la noblesse d'Allemagne ou d'Italie ; chez nous les confédérations de nobles contre les communes, telles qu'on les voyait dans les pays d'outre-Rhin, n'existaient pas.

A cause du service militaire dont elle portait le lourd fardeau, la noblesse jouissait d'exemptions fiscales, beaucoup moins étendues, toutefois, que certains voudraient nous le persuader. Elles se bornaient à l'exemption de péages pour le noble et ses serviteurs en tous pays, et à l'exemption de la taille dans les pays de langue d'oïl ; car, au midi de la Loire, l'impôt de la taille tombait sur la chose et non sur la personne, et les gens de roture qui possédaient des terres nobles en étaient aussi délivrés. Quant aux impôts indirects et aux taxes extraordinaires, la noblesse les payait aussi bien que les roturiers.

On a beaucoup reproché, à tort selon nous, à l'ancienne aristocratie ces exemptions qui n'étaient qu'une compensation légitime ; et on peut voir dans le curieux journal du sire de Gouberville, gentilhomme du Cotentin qui écrivait vers le milieu du XVIe siècle, que les vieilles familles, écrasées sous le poids des dépenses nécessitées par le service militaire, étaient en train de se ruiner. Dans ces exemptions, en effet, n'était pas l'abus, n'était pas le mal, car, à cette époque, surtout dans les campagnes où elle résidait au milieu de ses tenanciers, la noblesse remplissait véritablement un rôle considérable, tant au point de vue économique qu'au point de vue social. La décadence commença avec les guerres de religion qui désorganisèrent les familles en les tirant de leurs seigneuries et de leurs foyers.

Vainement Henri IV essaya-t-il d'apporter un remède à cette désorganisation. « Déclarant à ses nobles, nous dit Péréfixe, qu'il voulait qu'ils s'accoutumassent à vivre chacun de son bien et pour cet effet qu'il serait bien aise, puisqu'on jouissait de la paix, qu'ils allassent voir leurs maisons et donner ordre à faire valoir leurs terres. Ainsi il les soulageait de grandes et ruineuses dépenses à la cour, en les renvoyant dans les provinces, et leur apprenait que le meilleur fonds que l'on puisse faire est celui d'un bon ménage. Avec cela, sachant que la noblesse française se piquoit d'imiter le roy en toutes choses, il leur montroit par son propre exemple à retrancher la superfluité des habits ; car il alloit ordinairement vêtu de drap gris, avec un pourpoint de satin ou de taffetas sans découpures, passemens ni broderie. Il louoit ceux qui se vêtoient de la sorte et se riait des autres, qui portaient, disait-il, leurs moulins et leurs bois de haute futaie sur leur dos [1]. »

Mais Henri IV échoua. Vinrent les règnes de Louis XIII et de Louis XIV : les fiers barons d'autrefois disparurent ou se transformèrent en courtisans. Peu à peu la raison d'être de la vieille noblesse ne fut plus qu'un souvenir ; et la décadence continuant, il devint bientôt évident que les jours de cette classe étaient comptés.

Nul, peut-être, n'a mieux vu ni mieux décrit qu'Alexis de Tocqueville l'état où se trouvait, à la veille de la Révolution, cette aristocratie jadis si puissante.

Si l'on fait attention, dit-il, que la noblesse, après avoir perdu ses anciens droits politiques. et cessé, plus que cela ne s'était vu en aucun autre pays de l'Europe féodale, d'administrer et de conduire les habitants, avait néanmoins, non seulement conservé, mais beaucoup accru ses immunités pécuniaires et les avantages dont jouissaient individuellement ses membres ; qu'en devenant une classe subordonnée,

1. Cf. **Claudio Jannet** : *Les grandes époques de l'histoire économique jusqu'à la fin du XVIe siècle. La crise du XVIe siècle*, p. 244.

elle était restée une classe privilégiée et fermée, de
moins en moins une aristocratie, de plus en plus une
caste : on ne s'étonnera plus que ses privilèges
aient paru si inexplicables et si détestables aux
Français, et qu'à sa vue, l'envie démocratique se soit
enflammée dans leur cœur à ce point qu'elle y brûle
encore. Si l'on songe enfin que cette *noblesse*, séparée
des classes moyennes, qu'elle avait repoussées de
son sein, et du peuple, dont elle avait laissé échap-
per le cœur, était entièrement isolée au milieu de la
nation, en apparence la tête d'une armée, en réalité
un corps d'officiers sans soldats, on comprendra
comment, après avoir été mille ans debout, elle ait
pu être renversée dans l'espace d'une nuit[1].

*
* *

Les fils de la noblesse d'autrefois auraient peut-
être pu remonter le courant ; du moins auraient-
ils pu tenter de reprendre leur place dans la
société ; ils ne l'ont pas même essayé. Sauf de
très honorables exceptions, ils ont regardé du
côté du soleil levant ; et si certaines traditions ou
certains préjugés de caste leur ont interdit, assez
longtemps du moins, de saluer le pouvoir, ils ont
salué la puissance de l'argent sur laquelle le pouvoir s'appuyait. Contre espèces sonnantes et
trébuchantes, ils se sont alliés aux juifs, dont les

1. Cf. Eugène Spuller, *Hommes et choses de la Révolution*, p. 164.

filles ont été chargées de redorer leur blason ; ils sont devenus gallosémites, leurs enfants ne seront pas français, mais demi-juifs. Jadis ils épousaient les filles de leurs anciens valets sortis millionnaires des agiotages de Law. On se rappelle l'orgueilleuse marquise de Grignan présentant sa bru, fille d'un fermier général, et disant avec d'impertinentes minauderies : « Il faut bien, de temps en temps, du fumier sur les meilleures terres » ; mais enfin cela c'était de la race française. Aujourd'hui ils s'allient les douze tribus : la Judenstrasse a remplacé la rue Quincampoix.

Il y avait un moyen pour la noblesse de continuer les traditions des aïeux et de servir le pays sous un mode nouveau, et Joseph de Maistre l'y exhortait vivement.

La noblesse française, dit-il, trouve à cette époque l'occasion de faire à l'État un sacrifice digne d'elle : qu'elle offre encore ses fils à l'Église, comme dans les siècles passés. Aujourd'hui, on ne dira pas qu'elle n'ambitionne que les trésors du sanctuaire. L'Église jadis l'enrichit et l'illustra ; qu'elle lui rende aujourd'hui tout ce qu'elle peut lui donner. L'éclat de ses grands noms maintiendra l'ancienne opinion et déterminera une foule d'hommes à suivre les étendards portés par de si dignes mains ; le temps fera le reste. En soutenant ainsi le sacerdoce, la noblesse française s'acquittera d'une dette immense qu'elle a contractée envers la France et peut-être même envers l'Europe. La plus grande marque de respect et de profonde estime qu'on puisse lui donner, c'est de lui rappeler que la Révolution française, qu'elle eût sans doute rachetée de tout son sang, fut cependant en grande partie son ouvrage... Par sa monstrueuse alliance avec le mauvais principe, pendant le dernier siècle, la noblesse française a tout perdu; c'est à elle qu'il appartient de tout réparer. Sa destinée est sûre, pourvu qu'elle n'en doute pas, pourvu qu'elle soit bien persuadée de l'alliance naturelle, essentielle, nécessaire, française, du sacerdoce et de la noblesse[1].

Joseph de Maistre parla dans le désert. Loin de donner ses fils à l'Eglise, la noblesse — et la bourgeoisie, d'ailleurs, la suivit en cela — les en éloigna de plus en plus. Nous pouvons affirmer ces choses pour l'ensemble, quoiqu'il y ait d'honorables exceptions. La noblesse donna pour les œuvres, sans doute, et même pour les séminaires ; mais elle traita le clergé comme on traite ces familles pauvres que l'on assiste... à distance, et avec lesquelles on ne veut point se mésallier. *Se faire d'Eglise* était autrefois une carrière, c'est aujourd'hui un acte de renoncement; la noblesse *se faisait d'Eglise*, autrefois : elle ne *se fait plus d'Eglise* aujourd'hui. La vieille aristocratie, pas plus d'ailleurs que la haute bourgoisie, ne se soucient d'entrer dans le sanctuaire, depuis que le sanctuaire n'a plus de beaux évêchés et de riches prébendes à leur offrir. Chose étrange, vraiment !

1. Cf. DE MAISTRE, *Du Pape*, discours préliminaire. § II.

6**

Il y a un ministère de « direction » qui, celui-là, est d'institution divine : c'est le ministère sacerdotal. Dieu n'y appelle pas cette classe : ou si Dieu l'y appelle, elle ne répond pas ; et on veut nous persuader que là sont les dirigeants !

Certains diront : c'est un malheur ; c'est en tout cas un signe ; ne l'oublions pas. La vieille sève est morte ou se tarit ; l'esprit de dévouement et de sacrifice qui fait les forts disparaît de jour en jour. Et voilà pourquoi la noblesse, comme classe dirigeante, **a cessé d'exister.**

CHAPITRE XIII

Les classes dirigeantes à travers l'histoire

(Suite)

II. — LA BOURGEOISIE
ET LES « INTELLECTUELS »

Prépondérance de la fortune. — Les crimes de la bourgeoisie. — Sang et débauches. — Egoïsme de classe. — L'illusion égalitaire. — Le prolétariat. — Conséquence de la « direction » bourgeoise. — Comment ils jugent le peuple. — Le bienfait social de l'hypocrisie. — Comment se forme la classe « dirigeante ». — Deux faits. — Nous n'avons plus le temps d'attendre. — La religion de la science. — Les professions libérales et la décadence. — Dommage social. — Le prolétariat intellectuel. — Une opinion de Richelieu. — Les « humanités ». — Publicistes, romanciers, agriculteurs. — La vraie doctrine d'après Mgr d'Hulst.

La bourgeoisie moderne a remplacé la noblesse, et a cru à la fin du siècle dernier qu'elle pourrait être la « classe dirigeante ». Elle a détruit le privilège de la naissance et lui a substitué celui de la fortune, mais elle a oublié de prendre et de garder les charges et les obligations sociales. Elle n'a transmis à ses enfants ni traditions, ni inspiration, ni sève vivante, et son avènement au pouvoir est écrit dans nos annales sur des pages rouges de sang.

Quand on parle des socialistes, quand certains parlent des démocrates chrétiens, il est de bon goût de faire envisager les pires catastrophes et de montrer, dans un avenir plus ou moins rapproché, les abominations de la Commune et de la Terreur. On dirait vraiment que ces gens-là n'ont jamais lu l'histoire de leur pays, et qu'ils en sont encore à ignorer que la plupart des misérables qui violèrent la France en une orgie effroyable, soit en 1793, soit plus tard en 1870, étaient des bourgeois.

Il suffit cependant de parcourir les procès-verbaux de l'époque pour constater que la grande Révolution a fait périr plus d'hommes du peuple que de nobles et de bourgeois. A Nantes, Carrier noya 1400 nobles et 5300 ouvriers, les historiens ne nomment aucun bourgeois; Prud'homme, dans son *Histoire générale et impartiale des erreurs, des fautes et des crimes commis pendant la Révolution*, affirme que 13.633 ouvriers périrent sur l'échafaud. « La sainte guillotine va tous les jours, écrivait d'Orange le conventionnel Maigret : marquis. comtes, procureurs. montent sur Madame. Dans peu de jours *soixante chiffonniers* y passeront. » Et lorsque, à la période de sang, succéda la période de l'orgie et de la débauche, sanglante souvent, crapuleuse toujours, qui se nomma le Directoire, là encore nous étions en plein triomphe de la bourgeoisie, et la « fripouille » qui avait escaladé le pouvoir était bien sortie de son sein.

Depuis cent ans qu'elle gouverne. la bourgeoisie n'a gouverné qu'à son profit. Aux fonctionnaires. qui se recrutent à peu près exclusivement dans son sein, elle a assuré l'inviolabilité professionnelle : aux financiers. par la loi de 1807, le monopole du commerce de l'argent, de telle sorte qu'avec une patente de banquier on a toujours pu prêter au-dessus du taux légal : aux négociants elle a offert une législation spéciale et un code de commerce qui simplifie à leur profit les complications de la justice ordinaire. Elle s'est emparée de toutes nos assemblées délibérantes, on peut le constater depuis la Constituante, en étudiant leur recrutement : elle a confisqué l'administration et le gouvernement ; elle a rompu, enfin, à son profit exclusif, la proportion entre les fonctions usuelles et les fonctions libérales. violant ainsi une grande loi sociale et mettant en grave péril l'intérêt fondamental du pays. On pourrait objecter qu'elle a proclamé le droit de tous les citoyens à l'égalité civile et politique. mais il n'y a là qu'une vaine fiction, un moyen de leurrer la conscience publique ; car, en réalité, l'inégalité civile et politique est partout. La société se partage en deux fractions : ceux qui possèdent et ceux qui ne possèdent pas, les premiers seuls étant des personnes au sens complet, les autres étant des espèces d'êtres intermédiaires, des sortes de marchandises animées se vendant elles-mêmes, des êtres ne jouissant de leurs droits que s'ils trouvent acheteurs ; ceux qui possèdent perdant d'ailleurs leur situation, dès qu'ils ne possèdent plus.

La Mennais a fait une très juste comparaison entre le prolétaire et l'esclave :

Qu'était l'esclave par rapport à son maître ? Son instrument de travail et par suite une partie de sa propriété. Qu'est-ce, de nos jours, que le prolétaire, par rapport à l'entrepreneur ? Un instrument de travail. Personnellement libre par la loi, il a cessé d'être une propriété achetable ; mais cette liberté n'est qu'apparente ; le corps n'est pas lié, mais la volonté l'est. Ou bien peut-on parler de la libre disposition de quelqu'un quand il n'a pas d'autre chose à faire que, d'un côté, une mort cruelle, et, de l'autre, d'accepter les conditions qui lui sont faites ? *La chaîne et le fouet de l'esclave moderne sont la faim.* Au point de vue du droit juridique, le prolétaire est, il est vrai, dans une situation plus élevée que l'esclave ; mais, au point de vue physique, il est souvent dans une position inférieure. L'esclave était presque toujours certain d'avoir sa nourriture et son vêtement, un toit pour la nuit et même les

soins pendant la maladie ; en outre. il n'était pas
trop surchargé de travail, parce que son maître
avait un intérêt à sa conservation ; mais le prolétaire peut, sans risque de punition pour son employeur, être surchargé de travail, et n'est cependant pas certain du lendemain. Quand il souffre,
qui ça trouble-t-il ? Quand il meurt, qui le sait ? Un
autre lui succède ; les rangs sont si serrés, et la
faim est si puissante pour pousser à remplir les
places vides [1] !

— Le nombre de ces hommes, qu'on appelle prolétaires, dit aussi l'abbé Lemire [2], augmente de
jour en jour. Il n'y avait jadis, et seulement dans
quelque coin de la France, que les prolétaires de la
grande industrie. Le développement des exploita-
tions agricoles et l'emploi des machines multiplient
sous nos yeux les prolétaires ruraux. La transformation de la paie du matelot, qui résulte de la
substitution du salaire fixe à la part de pêche, amènera le prolétariat maritime. Peut-être que demain
les anciens petits commerçants, devenus simples
employés des grands magasins, fourniront les prolétaires du commerce, en attendant que les salariés
de cet employeur d'hommes qu'on appelle l'État,
trouvant eux-mêmes dans l'instabilité ou l'insécurité
de leur situation des motifs de mécontentement,
amènent dans cette armée grandissante un contingent de fonctionnaires.

Voilà où en est une société que la bourgeoisie
« dirige » depuis cent ans. Et on trouve encore

---

1. Cité dans le *XXe Siècle*, nov. 1896. Article de
M. Hohoff, p. 711-712.

2. Cf. *La Terre de France*, 15 septembre 1894, p. 149.

des gens pour s'indigner contre nous, si nous déclarons avoir assez de cette direction qui n'a pas su faire reconnaître le droit de la masse à l'existence, qui nous laisse vivre dans une perpétuelle négation de la dignité humaine ; qui, sous prétexte de supprimer les classes, a constitué des castes ou compartiments sociaux, à tel point qu'il y a maintenant, dans presque toutes nos grandes villes, le quartier des riches et le quartier des pauvres, les grands travaux de l'édilité moderne ayant eu pour premier résultat de rejeter les travailleurs hors de la cité !

Et que pense la bourgeoisie en présence de cet état de choses ? Elle pense que le populaire n'a que ce qu'il mérite, car, dit M. Kergall, l'un de ses défenseurs attitrés [1] : « Nos sociétés humaines actuelles, qui se qualifient orgueilleusement de civilisées, ne sont formées en réalité que d'une mince couche de policés à la surface — la langue populaire prononce « vernis » — et, au-dessous, d'une masse profonde de véritables barbares, possédant plus ou moins cette instruction rudimentaire suffisante pour faire le mal, le mal à autrui et surtout le mal à soi-même, mais dénués de toute éducation sociale, et n'ayant même pas la notion élémentaire de leur intérêt véritable, laquelle mène au bien, l'intérêt individuel étant

---

1. *Du rôle social des syndicats agricoles.* Cf. *La Démocratie rurale*, 9 mai 1897.

indissolublement solidaire de l'intérêt des autres. » L'auteur, qui n'est pas un découragé, dit bien que l'on peut sortir de là, et nous l'en remercions ; mais nous ne pouvons cependant accepter le portrait qu'il trace : le peuple dans son ensemble ne ressemble pas à cela.

Il n'est pas étonnant qu'avec des idées semblables, les *beati possidentes* estiment que tous les moyens sont bons pour se maintenir dans leur situation de privilégiés et qu'ils en arrivent, avec M. Chailley-Bert, à vanter le « bienfait social de l'hypocrisie » ; à enseigner que « tout ce qui peut avoir pour effet de faire voir le peu de solidité des conventions sur lesquelles notre société repose est dangereux et doit être combattu par tous les moyens, même par les pires » ; que « l'hypocrisie est, pour un temps, un agent de préservation sociale[1] ».

D'ailleurs, quand on essaie de lire autour de soi l'histoire qui se fait sous nos yeux, chaque jour, on reste stupéfait pour peu qu'on veuille se rendre compte de la manière dont se constituent ces « classes élevées » qui ont la prétention de nous sauver en nous gouvernant.

J'écris ces pages à la campagne, où je prends un peu de repos. Vis-à-vis la maison que j'habite est une superbe villa possédée par un tisseur

1. Cité par Deville, *Principes sociaux,* p. 13, en note.

millionnaire. Je vais frapper à la porte de mon voisin et je lui demande à quelle classe il appartient.

— A la classe bourgeoise.

— Et le commerçant qui vend au détail les étoffes qui se fabriquent dans vos usines? Et votre tailleur et votre bottier?

— Ce sont des marchands, des ouvriers.

— Les inviterez-vous à votre soirée prochaine?

— Ah! mais non; petites gens et vendeurs au détail, ils n'appartiennent pas à la « société ».

— Mais on dit que le marchand drapier est fort riche.

— Qu'importe! il tient boutique, il n'est pas de notre monde, nous ne le recevons pas. »

J'ai un ami très riche qui est un des gros commerçants de sa ville. Cet ami a une femme charmante, très intelligente et fort distinguée. Cette femme croit qu'il est de son devoir de partager le labeur de son mari et de s'intéresser aux affaires de la communauté. Aussi, quoiqu'elle ait le moyen de payer dix comptables, elle veut tenir elle-même les livres de la maison et les clients reçoivent des factures écrites et signées de sa main. Cela suffit pour lui fermer les portes des salons de la « classe élevée »; elle ne fait point partie de la « société ». Si elle passait son temps à papoter, à changer de toilette plusieurs fois en un jour, à recevoir et à rendre des visites;

bref, si sa vie était oisive et à peu près inutile, les barrières s'abaisseraient devant elle. Mais comme elle veut employer son temps, elle est considérée comme inférieure, et les barrières ne s'abaissent pas. Bien plus, pour que les barrières disparussent complètement devant elle et devant son mari, il faudrait qu'ayant liquidé leur maison de commerce, ils prissent l'un et l'autre le parti de ne rien faire du tout.

Voilà, quoi qu'on en dise, où en est, en exceptant certaines individualités très honorables, la classe que l'on voudrait nous imposer comme dirigeante aujourd'hui : des oisifs hissés sur les épaules des laborieux qu'ils dédaignent comme la statue dédaigne le piédestal.

Eh bien ! cela ne nous suffit pas.

On nous dira : Tout cela est mal, mais c'est que la bourgeoisie méconnaît son rôle et oublie son devoir. C'est vrai ; mais comme voilà cent ans qu'elle vit dans cet oubli et cette méconnaissance, nous n'avons pas le temps d'attendre qu'il lui plaise de mieux faire ; notre patience est à bout.

*
* *

Depuis un demi-siècle, certains ont essayé de remanier les cadres de la classe « dirigeante » et de leur donner une autre base que la naissance et l'argent. « Il y eut alors, dit Ch. Bounier, dans l'évolution un phénomène curieux, vers les années 1850, phénomène très bien étudié par J.-J. Weiss — dans un article que nous rappellerons nous-même tout à l'heure, — *l'adoration de la science*, fruit de la doctrine positiviste. *A son tour elle servit de religion à la bourgeoisie.* On ne croyait plus qu'aux faits, c'était la religion des résultats. La science devait prouver à la bourgeoisie non seulement qu'elle avait eu raison d'entamer la lutte contre la classe privilégiée des nobles et des prêtres, mais encore que cet empire qu'elle avait conquis, elle le garderait éternellement. Et l'on vit alors le parti libéral, transformé en parti républicain, *proclamer sa dévotion à la science*. L'*Hosannah* qu'entonne Renan dans son *Avenir de la science* répondait à ce sentiment général ; *on était enfin arrivé au port, on avait sa religion* [1] ».

Cette religion de la science devait engendrer comme conséquence le dogme de la supériorité des « intellectuels ». Aussi trouvons-nous cette opinion très accréditée aujourd'hui que la culture littéraire et scientifique possède le droit à peu près exclusif de constituer l'élite d'une nation, de donner l'impulsion aux masses profondes privées de culture, d'être la nouvelle aristocratie de

_____

[1]. Ch. Bounier, *La Morale bourgeoise*. — Cf. le *Devenir social*, décembre 1895.

notre société. Or, dit M. Brunetière, « dans une démocratie, l'aristocratie intellectuelle est, de toutes les formes d'aristocratie, la plus inacceptable, parce qu'elle est, de toutes, la plus difficile à prouver, et si j'entends assez bien ce que c'est que la supériorité de la naissance et celle de la fortune, je ne vois pas ce qu'un professeur de thibétain a de titres pour gouverner ses semblables, ni ce qu'une connaissance unique des propriétés de la quinine ou de la cinchonine confère de droits à l'obéissance et au respect des autres hommes ».

Le Play partage, sur ce point, les opinions de l'éminent écrivain. Il n'hésite pas à reconnaître que la multiplication des « intellectuels » est un signe de décomposition sociale : et, rappelant le mépris qu'avait la civilisation ancienne pour le travail, il affirme très nettement que le vieux monde est mort de l'esclavage d'une part, de ses lettrés d'autre part.

C'est que — la chose se comprend aisément — une aristocratie composée de purs « intellectuels » est toujours instable, n'ayant rien qui l'attache aux grandes institutions ou aux grandes forces du pays. De plus, les occupations appelées « libérales » impliquent des loisirs, et ces loisirs offrent un admirable terrain de culture à l'usage des tentations. Aussi les « intellectuels s'amusent » ; il suffit de regarder autour de soi pour en être rapidement convaincu : et d'ordinaire ce n'est pas dans ce milieu que Dieu va chercher les sauveurs d'Israël. Les orateurs et les sophistes ont tué la Grèce : Byzance est morte de ses rhéteurs et de ses théologiens. Un nouveau déplacement du centre de gravité social au profit des « intellectuels » risquerait d'amener les mêmes dangers au milieu de nous.

On dit que les intellectuels élèvent le niveau d'un peuple. Est-ce bien vrai ? Puis, en admettant qu'il y ait, de ce chef, pour l'ensemble, quelque profit, est-il certain que le bien qu'ils apportent compense suffisamment les dommages qu'ils produisent : dommage à l'agriculture, qu'ils privent de bras ; dommage à la race par la stérilité de tant d'hommes ou de femmes voués à la débauche ou au célibat, sans service social compensateur ; dommage surtout à la société, qu'ils inondent de déclassés plus ou moins jetés hors de leur milieu et constitués en péril permanent.

Et ce danger est redoutable. Qu'était-ce que Jules Vallès ? que sont tous ceux qui lui ressemblent, sinon des humanistes révoltés qui cherchent à se venger de leurs aspirations inassouvies sur l'ordre social ? Le fardeau est trop lourd pour leurs épaules, la lutte trop fatigante pour leurs âmes. Ni leurs épaules ne sont fortes, ni leurs âmes ne sont robustes ; ils seront bientôt écrasés. — « T'ai-je prié de me tirer de mon argile pour me faire homme ? pourront-ils dire, alors, à cette société qui leur mit un outil inservable entre les mains. T'ai-je sollicité de me tirer du néant ? » Ainsi parle dans Milton l'ange déchu. — « Pourquoi donc ai-je vu ces choses, pourraient-ils ajouter encore, comme le Caïn de lord Byron à Lucifer, ces choses que tu m'as montrées, si tu ne sais que me reconduire où tu m'as pris, s'il faut que je sois de la race d'Adam, si je n'ai que mon lot de travail, de larmes, de souffrances et de pain amer ? »

N'y aurait-il pas là une explication de ces inexplicables tressaillements qui agitent parfois le corps social ? Richelieu, qui, certes, peut être classé parmi les intelligents, et même parmi les « intellectuels », avait coutume de dire qu'il faut, dans un État, « plus de maîtres ès arts mécaniques, que de maîtres ès arts libéraux ». Le grand ministre y voyait clair ; il faut penser comme lui. Il faut repousser bien loin cette idée aussi fausse que pernicieuse sur la hiérarchie des professions qui classe d'abord les professions « libérales », c'est-à-dire celles qui requièrent, ordinairement, une préparation appelée — qui nous dira pourquoi ? — les « humanités ».

Car, enfin, pourquoi les professions d'huissier, d'avoué, de notaire, de percepteur, de financier, etc., sont-elles des professions « libérales » et méritent-elles d'être préférées à la profession d'agriculteur ? Au point de vue social, celle-ci rend-elle moins de services ou des services d'ordre inférieur ? Au point de vue chrétien, rapproche-t-elle moins l'homme de Dieu ? Pourquoi un malhabile notaire ou un ignare médecin seront-ils placés, par le fait de leur profession, au-dessus d'un bon meunier ou d'un habile maçon ? D'où vient cette sorte de dignité mystérieuse que revêtent *ipso facto* ceux qui font imprimer sur leurs cartes « M. X..., homme de lettres », ou « M. Z..., publiciste », sans que, d'ailleurs, aucune preuve soit fournie au public sur la manière dont les X et les Z exercent ces professions. Et si M. X... et M. Z... sont des hommes vraiment intelligents, croit-on qu'ils seront diminués parce qu'ils emploieront cette intelligence à quelque chose d'utile, au lieu de la consacrer à raconter les nombreuses vicissitudes des amours d'Anatole et de Catherine, ou à mettre du noir sur du blanc pour attaquer chaque jour, dans un de ces carrés de papier appelés journaux, tout ce qu'il faudrait défendre et respecter ?

Une profession vaut par celui qui l'exerce ; hors de là elle n'est qu'une pure abstraction. Comme nos pères étaient plus sensés dans leurs jugements à cet égard !

Dans les « livres de raison » jadis en usage chez les plus humbles familles, on se glorifiait du métier comme d'un blason. Un maréchal-ferrant écrit : « Mon bisaïeul fut maréchal, et, dans sa ville, il occupa le premier rang parmi ses confrères : il eut trois fils. Cristofano exerça la profession de son père, et mon père lui succéda : or, comme mon père voulait que l'un de ses fils fût maréchal, il me fallut abandonner l'étude de la grammaire selon ses désirs, et diriger sa boutique. Ainsi ma famille a fourni six maréchaux-ferrants l'un après l'autre, et je fus le septième[1]. »

Ceux qui pensaient ainsi étaient dans la tradition chrétienne : nos humanistes n'y sont pas. La profession, la condition, ne constituent pas une supériorité : seules, les fonctions représentatives d'une part de l'autorité publique peuvent, à juste titre d'ailleurs, revendiquer ce privilège, les autres n'y ont aucun droit. « Écoutez cette doctrine, dit Mgr d'Hulst[2], vous qui accusez l'Église de méconnaître la dignité humaine et de maudire la liberté. Tous les hommes sont égaux par nature ; et si des causes accidentelles établissent entre eux une diversité de conditions, il n'y a rien là qui puisse fonder le droit de commander ou le devoir d'obéir. Pourquoi le riche serait-il le maître du pauvre? Pourquoi l'homme fort serait-il le maître du faible, ou le lettré de l'ignorant ? L'intérêt peut faire accepter cette subordination, la fierté peut la faire repousser. En quoi l'intérêt se confond-il avec le devoir, et la fierté avec le crime? D'ailleurs, si l'intérêt conseille souvent de plier, il incline

---

1. Cf. CLAUDIO JANNET, *Les Grandes Époques de l'Histoire économique*, p. 257-58.
2. Mgr d'Hulst, *Carême de 1896*.

parfois à résister. Où trouver une raison morale de préférer une tendance à l'autre ? »

Voilà les vrais principes ; voilà la condamnation, au nom de l'esprit chrétien, de cet humanisme de la Renaissance qui a fait notre fausse hiérarchie sociale et a proclamé la supériorité de l'homme qui a de l'éducation — lisez de la littérature. — Méconnaissant la valeur et l'élévation que donnent la fidélité à la loi de Dieu, la pratique de la vie réelle et tous les services que l'exercice d'une fonction économique rend à la société, la Renaissance nous a trompés une fois de plus ; il n'est que temps de s'en apercevoir et de tout remettre au point.

CHAPITRE XIV

La hiérarchie sociale

Nécessité de la hiérarchie. — La thèse des démocrates. — Instabilité des formes. — Différence entre la hiérarchie et la diversité des classes. — Constatation pratique. — Les dirigeants. — La théorie des tranches. — Leçons de l'histoire. — Les vrais dirigeants. — Les sources de la supériorité. — Les responsables. — Commentaire de saint Paul. — Qu'est-ce que le peuple? — L'élite démocratique. — Fausse conception de Renan et de Nietzsche. — Régime corporatif. — Une définition des dirigeants.

De tout ce que nous avons dit dans les chapitres précédents, il n'y a rien, quoi qu'on en ait voulu penser, qui ressemble à la démagogie égalitaire et niveleuse. Loin d'exclure la hiérarchie, notre démocratie la suppose, au contraire, avec cette nuance toutefois qu'à la hiérarchie ancienne, privilégiée de naissance, elle substitue une hiérarchie nouvelle fondée sur le travail effectif, sur la valeur intellectuelle et morale de tous ceux qui veulent et peuvent lui appartenir.

Sur ce point, d'ailleurs très discuté, voici en quelques mots, le résumé de notre doctrine : L'homme est un être social naturellement et forcément en relation avec ses semblables, et il y a, par suite, entre les hommes. à l'occasion de leurs manifestations extérieures, une solidarité de faits que l'on pourrait appeler une *interdépendance* naturelle. En conséquence de la similitude d'action ou de position à l'égard du monde extérieur, cette solidarité de fait, cette *interdépendance* naturelle, prend une telle proportion que, entre les gens habitant une même localité ou exerçant une même profession, l'ordre ne peut régner sans que leurs groupes ne forment une société organisée, hiérarchisée, gouvernée.

De quelle nature est la hiérarchie de ces groupes divers?

La société domestique, c'est-à-dire la famille, et la hiérarchie au sein de cette société domestique, sont immédiatement établies et instituées par le Créateur; elles sont de *droit divin*. Mais pour les autres sociétés, il n'en est plus de même. L'ordre naturel voulu par Dieu requiert l'existence d'une hiérarchie, mais Dieu n'a pas déterminé le mode de cette hiérarchie; ses formes diverses, aussi bien que les titulaires de l'autorité sociale et politique. ressortissent à l'invention humaine. Il est seulement de droit naturel et de droit divin que les *autorités* aient des devoirs et des obligations ; *pouvoir* et *charge* sont inséparables ; mais les formes peuvent changer. Ainsi, pour donner un exemple, nous ne croyons pas que la forme actuelle du patronat et du salariat soit une forme nécessaire et définitive, nous croyons qu'on peut les concevoir et qu'elles peuvent exister différemment.

Nous ne contestons ni la nécessité d'une hiérarchie sociale ni l'influence légitime de la naissance et de la richesse, ni celle de l'éducation ; il y a toujours, il y aura toujours dans la société des conditions *diverses* : et dans son discours au pèlerinage ouvrier de 1898, Léon XIII le rappelle justement. Remarquons toutefois que le Pape n'a point dit « hiérarchie », mais « diversité » : il faut « accepter avec une religieuse résignation et comme un fait nécessaire la *diversité* des *classes* et des conditions ».

Et ce n'est point, certes, la même chose. Une fonction peut être supérieure à une autre fonction dans l'acte où toutes deux sont en contact : il y a, par exemple, une hiérarchie de droit et de fait dans les relations de patron à ouvrier, de maître à serviteur, etc. Mais le contact terminé, la hiérarchie n'existe plus, l'ensemble des patrons ou l'ensemble des maîtres n'a aucune autorité sur l'ensemble des ouvriers ou l'ensemble des servi-

teurs. Tel patron commandera à son ouvrier à
l'usine et ira lui demander la permission de bâtir
sur la voie publique, si, dans la commune. celui-ci
est maire ou adjoint ; supérieur dans le premier
cas, il sera inférieur dans le second : il n'y a plus
que des fonctions hiérarchisées, la hiérarchie des
groupes n'existe pas.

⁎
⁎

Ce serait une grave erreur de croire que, parce
nous ne voulons pas de « classe dirigeante »,
nous sommes opposés aux « dirigeants ». — « Une
vraie démocratie, dit Mgr Ireland, n'exclut pas,
mais au contraire suppose les influences sociales.
Il y aura toujours, dans une société, des hommes
de génie et de talent, des hommes d'un caractère
plus élevé, des hommes de vertu marquante, et
ces hommes exerceront toujours de l'influence ; la
richesse en aura toujours aussi, et même trop.
Une société où les influences légitimes naturelles
sont remplacées par d'autres est une société qui ne
se trouve pas dans un état normal. On a eu tort,
en France, de trop parler de *classes* dirigeantes,
c'est une expression malheureuse qui a suscité
des répulsions. Mais s'il n'y a pas de classes
dirigeantes, il y a et il y aura toujours des *hommes
dirigeants*. » Et si on nous demande à quels signes

nous reconnaîtrons ces « dirigeants ». il nous sera facile de répondre que ces signes, nous ne les trouvons ni dans la naissance, ni dans la fortune, ni dans l'éducation, mais seulement chez les hommes qui, pour des raisons diverses, ayant plus de moyens que d'autres d'être utiles au corps social, veulent user de ces moyens et en usent effectivement.

Voilà pourquoi nous comprenons la hiérarchie autrement que M. de Mun et son école. Notre hiérarchie n'est plus la hiérarchie des professions, ni la hiérarchie des fortunes, qui nous donnent une société, formée, en quelque sorte, de couches horizontales s'écrasant les unes les autres. C'est plutôt la hiérarchie de la valeur personnelle dans chaque profession, hiérarchie composée de tranches verticales dont les sommets seraient sur le même plan, supposant, par suite, une véritable égalité de professions.

Cette manière d'envisager l'influence sociale, outre qu'elle répond au développement normal de notre société et des individus dans cette société, a fait ses preuves historiques. Ainsi en certains pays ont grandi les corps de métiers ; ainsi, en Angleterre, les trades-unions sont arrivés à leur magnifique développement ; ainsi, en France, le groupe socialiste le mieux organisé, le groupe allemaniste, a obtenu. au point de vue économique, de merveilleux résultats.

Et par là, nous laissons toutes portes ouvertes aux transformations que peut nous réserver l'avenir.

Je crois, dit Jacques Debout[1], qu'il faut nous résigner à penser que les convictions chrétiennes sont assez puissantes pour garder un homme dans la justice, sans l'entourer, du berceau à la tombe, d'un patronage préservateur qui doit, un peu par force, l'empêcher de s'égarer. Ce n'est pas à dire qu'il faille renoncer aux influences sociales, ce n'est pas à dire qu'il n'y aura pas toujours une élite d'hommes faits pour diriger le monde, le peuple spécialement, en le servant. Mais cette aristocratie éternelle est celle qui a été sacrée au berceau du Christ, c'est celle des hommes de bonne volonté. Le noble comme de Mun, le patron comme Harmel, l'ouvrier comme Payan, en sont au même titre. On n'y naît pas. On y monte. Et les seuls titres de noblesse sont les services rendus. En réalité, parler des classes élevées est parler d'une chose qui n'existe pas. Il n'y a point la classe des nobles, il n'y a point la classe des patrons, il n'y a point la classe des savants, la classe des riches, tous les hommes sont égaux en droit. Si quelqu'un a plus reçu du côté de la fortune, de l'intelligence, de la situation, il n'est point pour cela d'une autre classe que le prolétaire, il n'est même pas un homme supérieur à moins que son cœur ne mette tous ces dons de Dieu au service de ses frères. Là encore, il n'est pas supérieur dans la mesure de ce qu'il donne, mais dans la mesure de son dévouement. C'est ainsi qu'il faut raisonner si on veut vraiment conquérir le peuple et le siècle à venir. L'attirer

---

1. Le comte de Mun et les démocrates chrétiens, par JACQUES DEBOUT. Cf. *L'Espérance* du 13 juin 1895.

en lui proposant le patronage d'une classe qui le protégera chevaleresquement je le veux bien, est peut-être une chimère. Le peuple est adulte. Il sait marcher tout seul. Le vrai moyen de lui être utile et de le conduire à Dieu, c'est de marcher avec lui.

— Il n'y a plus de classes dirigeantes, dit à son tour Claudio Jannet [1], mais il y a partout des hommes qui dirigent les autres, car très peu de personnes se déterminent réellement par elles-mêmes, et c'est une loi de notre nature que les pensées des hommes réagissent des uns sur les autres ; mais s'il n'y a pas de classes dirigeantes, n'y a-t-il pas des responsables ? Voilà la vérité. Il y a toujours des hommes qui ont une supériorité sur les autres, ils ont la responsabilité de l'usage qu'ils font de cette puissance ; ils ont aussi la responsabilité des sentiments de mépris et d'antagonisme qu'excite chez ceux qui sont placés autour d'eux le contraste de leur situation avec la stérilité de leur vie.

« Il n'y a plus de différence, disait saint Paul, entre les Juifs et les Gentils, les Romains et les Grecs, les esclaves et les hommes libres, l'homme et la femme ; vous êtes *un* dans le Christ Jésus. » Tout ce que nous disons n'est, en somme, que le commentaire de cette parole de l'Apôtre, et la transformation qui arrive à constituer un nouveau mode d'être pour les sociétés nous paraît simplement une conséquence logique de l'esprit

1. Cité par M. CH. DE RIBBE, dans *Mes Souvenirs sur Claudio Jannet. La Réforme sociale*, 16 décembre 1895, p. 893.

du Christianisme. C'est le respect de la personnalité humaine, fondée sur l'idée de fraternité, la grande idée que nous enseigne d'abord le *Pater*. Nous ne repoussons pas la « hiérarchie », mais nous repoussons la hiérarchie des classes. Nous croyons qu'un homme doit tirer sa valeur de lui-même et des circonstances au milieu desquelles il évolue. Nous ne nions pas que le fils, en certains cas donnés, puisse acquérir une valeur spéciale, venant de la situation personnelle d'un père dont il n'est que la prolongation : mais nous ne croyons pas à la « naissance » ou à la fortune telles qu'on nous les présente aujourd'hui : la première tirant son lustre d'une suite plus ou moins problématique d'aïeux plus ou moins inutiles ou peut-être malfaisants, la seconde nous faisant toujours songer à cette terrible parole de Bourdaloue : Si nous pouvions remonter à l'origine des grandes fortunes, nous trouverions des choses qui font trembler.

Vraiment nous n'arrivons pas à comprendre comment certaines gens s'obstinent à avoir des yeux pour ne point voir. Que les intéressés se révoltent contre ce qu'ils appellent une atteinte portée à leurs droits, on les comprend et même on les excuse ; mais que d'autres regardent comme un devoir d'employer leur temps, leur talent, toute leur bonne volonté pour maintenir la société nouvelle dans de vieux moules qui éclatent de toutes parts, c'est vraiment incompré hensible, et on se sent pris pour eux d'une sorte de compassion.

* *

Il n'y a d'ailleurs rien d'exclusif dans notre système, et sous le nom de peuple nous n'entendons pas désigner seulement une classe, mais la totalité de nos frères, leur reconnaissant à tous les mêmes droits, fondés sur la commune origine et la divine paternité. Et si nous songeons en premier lieu à relever la condition des pauvres, des humbles, des êtres déshérités, c'est que la pauvreté étant une faiblesse et la richesse une force, il importe de prendre au plus tôt des mesures, afin que le riche n'abuse pas de sa puissance pour domestiquer le pauvre, ne laissant d'autre ressource à une légitime exaspération qu'un assaut donné à l'ordre social par la révolution, au nom de la liberté.

L'homme qui possède a des droits, droits éminemment respectables ; mais ces droits, il puise dans ses ressources des facultés spéciales pour les défendre et les faire respecter. Le non-possédant a des droits aussi, mais livré à ses propres forces, il se trouve, le plus souvent, dans l'impossibilité de les revendiquer. C'est la raison qui nous a portés à prendre d'abord la défense de ceux qui sont faibles, à rechercher les causes et les moyens de l'oppression qui pèse sur eux, à signa-

ler les abus, à flétrir les iniquités. On a conclu
faussement que nous étions les adversaires des
possédants, tandis qu'il eût été vrai de voir en
nous, parce que nous la ramenons à l'idée de justice, les vrais défenseurs de la propriété.

*
* *

C'est donc une élite qui doit prendre en main
la direction du corps social.

A la constitution de cette élite, toutes les catégories sont appelées, et celui qu'on nomme plus
particulièrement « l'homme du peuple » y a aussi
sa place. Cet « homme du peuple » diffère, d'ailleurs, de « l'homme du peuple » d'autrefois. Pour
lui aussi le progrès a marché ; même en dehors de
toute excitation, normalement il a vu grandir sa
fierté, sa force, son aptitude à la combativité.

On serait toutefois dans l'erreur si on croyait
que l'élite démocratique dont nous parlons peut
rétablir, sous un autre nom, les classes que nous
avons vu disparaître, sans grand regret, d'ailleurs,
et que nous croyons impossible de reconstituer.
Ce qui distingue l'élite démocratique, c'est qu'elle
n'est pas forcément héréditaire. N'ayant pas de
privilèges inamovibles, elle ne peut jouir égoïste-
ment de ses avantages ; aussi est-elle obligée de
travailler pour le peuple si elle tient à les conserver. Dans cette élite, le peuple choisit ses chefs ;

c'est elle qui conserve à la nation le goût des choses de l'esprit, la haute culture intellectuelle, l'urbanité des mœurs et ce désintéressement relatif des préoccupations matérielles de la vie. Elle dirige le monde surtout en le servant. Comme dit J. Debout, elle constitue « cette aristocratie éternelle des hommes de bonne volonté sacrée au berceau du Christianisme. On y monte, on n'y naît pas ». Toute société civilisée est en travail pour enfanter une élite de cette sorte, et il faut que l'organisation sociale soit telle que les moyens de lui appartenir ne soient refusés à aucun de ses membres.

Cette conception, on le voit, n'a aucun rapport avec la conception aussi fausse qu'antihumaine d'une école littéraire qui s'est longtemps réclamée de Renan et de Nietzche, qui met toute l'humanité aux ordres de quelques chefs de chœur, êtres surhumains qui constituent la seule raison d'être de cette humanité, « espèces de dieux ou devas, dit Renan[1], en lesquels les nations seraient concentrées et qui se serviraient de l'homme comme l'homme se sert des animaux ». Et Nietzche, renchérissant encore, réclame le droit de gouverner pour « l'être qui a l'âme noble. J'entends celui qui possède cette foi inébranlable que, pour un être tel que lui, les autres êtres doivent

[1]. *Dialogues philosophiques.*

naturellement être assujettis et se sacrifier à lui. A l'égard des êtres inférieurs, tout est permis et, en tout cas, dépasse les catégories du bien et du mal ».

L'élite démocratique n'est rien de tout cela. Elle n'est pas davantage un corps à part vivant isolé. Elle n'exclut personne et les membres des classes jadis appelées supérieures y ont leur rôle comme les autres, sans même qu'il soit besoin de les tirer de leur milieu, de les « déclasser », si on préfère cette expression [1], mais tout simplement en se plaçant dans leur profession même au rang des sommités. Et ainsi nous arrivons encore à l'idée qui

[1]. Une codification dirigée dans ce sens, dit M. G. Dumesnil, ne pourrait provenir que de cette idée fausse, si naturellement bourdonnante, hélas! dans le cerveau de tant de bourgeois, qu' « élever » le peuple, c'est amener le plus grand nombre possible des gens du peuple à être des bourgeois; comme si, par exemple, les fils des cultivateurs, des tisserands, des forgerons, des marins, des cordonniers, des charpentiers, « s'élevaient » en devenant gabelous, rats de cave, clercs d'huissier, ronds-de-cuir, commis d'enregistrement, percepteurs peut-être, jusqu'à ce que la multitude innombrable des fonctionnaires fasse si bien qu'il n'y ait plus rien à percevoir. Cette idée ne pourrait germer et porter ses funestes fruits que dans l'esprit de démocrates malavisés qui, étant bourgeois eux-mêmes, s'imagineraient, fût-ce de bonne foi et par une amitié mal entendue pour le peuple, qu'élever le peuple, c'est embourgeoiser le peuple, dépopulariser le peuple, qui voudraient le déformer sur le type de « monsieur » qu'ils prendraient naïvement en eux-mêmes. (*La Réforme de l'enseignement secondaire*, p. 11.)

se retrouve toujours à la base de notre système social et que nous avons trop souvent exposée pour qu'il soit nécessaire d'y revenir, au régime corporatif[1].

Avec Le Play nous définissons les dirigeants « l'ensemble des hommes qui se dévouent », et nous demandons à ceux qui le peuvent, de se dévouer, de travailler à l'œuvre commune en qualité d'éducateurs mais non de protecteurs. Ainsi nous restaurons dans chacun le sentiment de la dignité, et, par le sentiment de la responsabilité, nous établissons la véritable hiérarchie sur la pratique de l'abnégation et du dévouement.

---

1. Cf. notre ouvrage : *Propriété, Capital et Travail*, un vol. in-12. Paris, librairie de la *Justice sociale*, 12, rue Littré; prix : 3 fr. 50.

CHAPITRE XV

L'égalité dans la Démocratie chrétienne

La « bonne nouvelle ». — Les droits du peuple. — Le chapitre XXIII de saint Mathieu. — Saint Paul et Bourdaloue. — Notre Père qui êtes aux cieux. — L'individu et la fonction. — Vraie conception de l'égalité. — Son fondement. — Pourquoi les sociétés anciennes sont mortes. — La lutte des riches et des pauvres. — Inégalité naturelle, égalité sociale. — Universalité du sentiment de l'égalité. — Les droits égaux ne sont pas toujours des droits semblables. — Une formule. — Les exigences de l'égalité démocratique. — Ordre nouveau. — Démocrates, démagogues et socialistes. — L'individu et l'espèce. — Égalité et égalitarisme. — Parole d'évêque.

Adorons la parole du Verbe : *Pauperes evangelizantur* : Les pauvres seront évangélisés.

Car c'est la grande merveille de la loi chrétienne que cette évangélisation : et Jésus, d'ailleurs, l'avait signalée comme telle aux disciples de Jean.

Le peuple, jusqu'à la venue du Sauveur, n'avait, hélas! entendu que choses tristes, paroles dures et d'oppression. Les nouvelles pour lui n'étaient jamais joyeuses. Quand elles venaient, c'était pour lui apprendre qu'une charge de plus allait augmenter son fardeau; et on ne lui parlait jamais que de ses devoirs. Jésus lui parla de ses droits. Aux oreilles avides de la multitude opprimée, il fit entendre les mots de Charité, de Liberté et de Justice; et ce fut la grande cause humaine de sa popularité.

Depuis ce jour, le monde a été transformé. Et ce caractère de la vertu du Christianisme exerça une telle influence sur l'esprit des peuples, que toute doctrine nouvelle, toute révolution religieuse politique ou sociale qui ne mirent pas dans leur programme la « bonne nouvelle » pour les pauvres et une amélioration de leur sort, furent, par avance, condamnées. En quoi donc consistait surtout cette « bonne nouvelle » ?

Elle consistait dans la révélation d'une vérité que les anciens n'avaient même pas entrevue et d'où allait sortir la régénération de l'humanité : «Vous êtes tous frères : *Omnes autem vos fratres estis :* — Vous n'avez qu'un seul père : *Unus est enim Pater vester, qui in cœlis est :* — Que celui qui est le plus grand parmi vous soit le serviteur des autres : — Quiconque s'élèvera sera abaissé,

quiconque s'abaissera sera élevé. » Il faut lire
tout ce chapitre vingt-troisième de saint Mathieu,
où l'Evangéliste nous donne, à ce point de vue,
comme la théorie de l'ordre social nouveau.

Cette théorie, saint Paul, quelques années plus
tard, la reprendra, affirmant la loi providentielle,
vers laquelle de plus en plus s'achemine la société :
«Il n'y a plus parmi nous, dit-il, ni gentils, ni juifs,
ni barbares, ni scythes, ni esclave, ni homme libre ;
vous n'êtes plus qu'un en le Christ : *Sed omnia et
in omnibus Christus.* » — Et, insistant ailleurs
sur cette même idée, et la concrétisant dans une
de ces formules brèves et saisissantes qu'affec-
tionnait son génie : « Que l'égalité s'établisse,
dit-il : *Fiat æqualitas.* »

Bourdaloue a magnifiquement commenté la
parole du grand apôtre, et indiqué un moyen
pratique de faire régner cette égalité ici-bas.

Vous mesurerez les choses de telle manière, dit-il,
qu'il y ait, entre vos frères et vous, une espèce d'é-
galité : *Sed ex æqualitate,* dit saint Paul. Comme
riche, vous avez non seulement ce qu'il vous faut,
mais au delà de ce qu'il vous faut, et le pauvre n'a
pas même le nécessaire. Or, pour le pourvoir de ce
nécessaire qu'il n'a pas, vous emploierez ce super-
flu que vous avez, si bien que l'un soit le supplément
de l'autre : *Vestra abundantia illorum inopiam sup-
pleat.* Par cette compensation, tout sera égal. Le
riche, quoique riche (*inégalité des richesses*), ne vivra pas dans une somptuosité et une noblesse (*inégalité de consommation*) aussi pernicieuse pour lui-

même que dommageable aux pauvres; ni le pauvre, quoique pauvre, ne périra pas dans un triste abandon. Chacun aura ce qui lui convient, *afin que l'égalité s'établisse*, ainsi qu'il est écrit : *Qui a beaucoup ne surabonde point, et qui a peu ne défaille point.* Voilà, dis-je, riches du monde, la règle inviolable que Dieu vous a prescrite dans le commandement de l'aumône... Si vous avez eu le partage des aînés, si vous êtes les dépositaires de trésors, c'est pour les répandre et les dispenser avec équité, et non pour les retenir et vous les réserver par avare cupidité. Voilà le secret de cette égalité que Dieu, dans la loi qu'il a portée pour le soulagement des pauvres, a eu en vue de remettre parmi les hommes ; voilà ce qui justifie la Providence. Car, quand les biens, selon l'intention et l'ordre de Dieu, seront ainsi appliqués, il n'y aura plus proprement ni riches ni pauvres, mais toutes les conditions deviendront à peu près semblables. Le pauvre qui n'a rien aura néanmoins de quoi subsister, parce que le riche le lui fournira : *Tanquam nihil habentes, et omnia possidentes* (2 Cor., 6), et le riche qui a tout n'aura pourtant rien au delà du pauvre, parce qu'il lui sera tributaire de tout ce qu'il aura de trop, et qu'en effet, il s'en privera : *Et qui habent tanquam non habentes sint.* (1 Cor., 7).

Certes, c'est là vraiment une bonne nouvelle : l'amour des pauvres, des faibles, des petits. Et l'humanité joyeuse a pu saluer d'un applaudissement d'amour ce Verbe divin qui, descendu sur la terre, nous a rappelé que nous sommes originairement tous égaux, parce que nous sommes tous frères, fils d'un même Père qui est au ciel.

Il y a une image resplendissante, un rayon d'une beauté suprême, image et rayon de l'Être infini, que la filiation divine a déposé en nous : une dignité que rien ne peut anéantir et qui continue de subsister sous les misères humaines, comme le diamant subsiste au milieu des cailloux dont il est entouré.

L'affirmation très nette de cette égalité se trouve dans la prière que Notre-Seigneur Jésus-Christ nous a enseignée. La paternité divine qui s'y montre dès le premier mot, a pour conséquence la fraternité humaine : originairement, nous sommes tous égaux. Mais l'homme n'est pas un être abstrait, une molécule quelconque jetée dans l'air et livrée à tous les hasards de la poussée du vent. L'homme est un être social, ayant, au milieu de la société qui l'a reçu lors de sa naissance, une fonction plus ou moins déterminée, selon les situations, mais toujours réelle cependant. Il faut donc considérer l'homme à un double point de vue et faire respecter, à la fois, les droits de son être individuel et les droits de sa fonction. Or, c'est là que gît cette égalité dont on nous reproche d'être les imprudents défenseurs : égalité dans le respect dû aux droits de l'individu et aux droits de la fonction, les uns et les autres devant être également protégés, à quelque catégorie qu'ils appartiennent. En sorte qu'il ne s'agit pas ici d'une *équation*, mais, comme nous le verrons plus loin, d'une *proportion* entre les membres de la famille

humaine, dans la protection donnée à chacun :
1" pour la défense de ses droits, 2" pour l'accomplissement de ses devoirs, 3" pour la possibilité
de son intégral développement, dans la mesure
des facultés que la Providence a bien voulu lui
donner.

Et cela, nous le regardons comme essentiellement dû à la vertu de Justice, que nous appelons la première des vertus sociales, puisque,
sans elle, nulle société ne pourrait exister. Les
grandes institutions humaines, les tribunaux, les
lois, les administrations publiques ont précisément pour but de rendre conformes à la justice
les entreprises, les actes, les travaux et les démarches, en un mot, tout ce qui constitue les relations des hommes entre eux.

L'égalité ainsi comprise n'a rien de l'égalitarisme rêvé par certains esprits amis de la chimère. Elle ne réclame pas un impossible nivellement, et ceux qui la prêchent ne font aucune
difficulté de reconnaître qu'il y a, parmi les hommes, certaines inégalités naturelles qui sont évidemment selon l'ordre providentiel ici-bas.

Mais elle exige la participation active et non
plus seulement passive de ceux qu'on appelait
autrefois les hommes des classes inférieures, à
l'œuvre du bien commun ; refusant absolument
d'accepter, au point de vue social, le système
des cloisons étanches. Elle demande pour tous les

citoyens une réelle intervention dans la conduite
des affaires de la commune, de la province, de
l'État. Affirmant la nécessité d'une plus convena-
ble répartition des biens sociaux, elle ne reconnaît ni la légitimité de la ploutocratie, ni la fatalité du prolétariat, mais elle demande pour tous
les membres du corps social, avec le respect des
droits, qui, d'ailleurs, peuvent être différents, de
sérieuses garanties de vie et d'indépendance, afin
de donner à tous la possibilité suffisante
d'une élévation raisonnable, proportionnelle et
progressive dans l'ordre intellectuel, scientifique,
moral et social.

*
* *

L'égalité doit être fondée sur le respect du
prochain considéré comme notre frère et non comme notre inférieur, et traité de la manière dont
nous voudrions nous-mêmes être traités par lui.

Obéir à la loi qui sacre les puissances légitimes
est un devoir qu'il faut accomplir sans protester;
mais aucun devoir n'oblige l'homme à se courber
sous la volonté plus ou moins arbitraire d'un
autre homme ; nous croyons même que cette sujé-
tion serait contraire à ce que saint Paul appelle
« la sainte liberté des enfants de Dieu », de Dieu
notre souverain maître et seigneur.

Prêcher cette doctrine essentiellement démo-

cratique, n'est-ce pas travailler efficacement à
l'ascension morale du peuple et au salut de la
société ? L'histoire nous montre, en effet, très
clairement, que les sociétés anciennes sont mortes, en grande partie, parce que l'égalité des
droits politiques enfin conquise avait rencontré une trop grande inégalité de conditions, et
Machiavel a compris très nettement cette vérité :
« Dans toute république, dit-il, quand la lutte
entre l'aristocratie et le peuple, entre patriciens
et plébéiens se termine enfin par la victoire complète de la démocratie, il ne reste plus qu'une
opposition, qui ne finit qu'avec la république
même, c'est celle entre les riches et les pauvres,
entre ceux qui possèdent et ceux qui ne possèdent
pas. » Tocqueville, au contraire, faute d'avoir
suffisamment approfondi le côté économique des
problèmes sociaux, ne s'est pas rendu compte de
ce fait historique, qui n'a d'ailleurs échappé ni à
Aristote, ni à Montesquieu.

Cette ascension du peuple vers une égalité sociale qui lui était déniée autrefois, et que l'on
commence à reconnaitre aujourd'hui, est d'autant plus conforme à l'esprit chrétien, que Notre-
Seigneur témoigne aux déshérités, dans le *Beati
pauperes*, une spéciale dilection. Elle constitue,
d'ailleurs, un mouvement irrésistible ; et on ne
voit pas quelle puissance humaine pourrait tenter de l'enrayer. « Le développement graduel de
l'égalité, dit, à ce sujet, Alex. de Tocqueville,

est un fait providentiel. Il en a les principaux caractères : il est universel, il est durable : il échappe chaque jour à la puissance humaine ; tous les événements comme tous les hommes ont servi à son développement. Serait-il sage de croire qu'un mouvement social qui vient de si loin puisse être suspendu par une génération? Pense-t-on qu'après avoir détruit la féodalité et vaincu les rois, la démocratie reculera devant les bourgeois et les riches? S'arrêtera-t-elle, maintenant qu'elle est devenue si forte et ses adversaires si faibles? »

*

Bien que l'inégalité *naturelle* soit un fait (*inégalité de l'intelligence, de la santé, de la force, de la vertu, du savoir,* etc.), les démocrates chrétiens enseignent que l'égalité *sociale* n'en est pas moins un droit, le droit pour tous de réclamer une égale protection de ce qui leur appartient légitimement. Nul obstacle, dépendant de la volonté humaine, ne peut légitimement entraver le libre développement de la personnalité. Ainsi il n'y a pas d'égalité, lorsqu'un Néron ou un Jules Ferry peuvent opprimer la liberté de ma conscience : c'est un droit qui n'est pas protégé chez moi, comme tel autre droit est protégé chez mon voisin ; il n'y a pas d'égalité, lorsqu'un maître peut opprimer ma liberté physique et me réduire en esclavage : peut étouffer ma liberté économique et m'exploiter comme travailleur.

Ne craignons pas de redire que, pour nous, cette égalité sociale prend sa source dans le dogme de la fraternité humaine résultant de ce double fait : d'abord que tous, plus ou moins, nous travaillons à l'œuvre commune, tirant, plus ou moins, le dur collier de misère ; ensuite et surtout, que nous sommes fils d'un même Père qui est au ciel. C'est parce que nous sommes fils de ce Père que nous sommes égaux ; c'est parce que nous sommes égaux que nous avons droit à la liberté. Et remarquons, à ce propos, qu'ainsi procède la divine prière : ce n'est qu'après avoir affirmé la paternité de Celui qui règne là-haut et imploré pour tous les enfants de la famille le pain de chaque jour, que Jésus dit le *libera nos* et demande la liberté.

Quel est celui, d'ailleurs, qui n'a pas cette conviction intime et ne la sent pas comme gravée dans sa chair ? Quel est celui, même parmi les malveillants prompts à nous traiter « d'égalitaristes », qui, le cas échéant, se trouvant personnellement en cause, ne proteste pas contre le dédain de ceux qui se croient d'une classe supérieure ? Quel est celui qui n'est pas démocrate, au moins par instants ?

L'égalité est surtout chère aux pauvres et aux petits, les grands et les riches s'attachant davantage à la liberté. C'est peut-être la raison pour laquelle ceux-ci combattent généralement la démocratie, vers laquelle ceux-là vont d'un élan plus vigoureux, trouvant, d'ailleurs, que la liberté y rencontre le maximum d'extension compatible avec le bon fonctionnement de l'organisme social.

S'affirmant, d'abord, dans le droit civil et politique, l'égalité démocratique, quand les institutions la prennent pour base, façonne les mœurs et répand l'instruction. Les classes jadis appelées, à tort ou à raison, « classes dirigeantes », ne se développent plus dans un milieu favorable à l'exercice de leur « direction », les autres classes se rapprochent d'elles socialement, moralement, économiquement, tendant, par le fait même, à avoir une part plus grande de la fortune publique. Il importe peu que les lots soient moins gros, s'il y a plus de lots et plus d'appelés au partage.

Les droits *égaux* que confère l'égalité démocratique ne sont pas pour cela des droits *semblables*. La distinction est à noter ; et c'est nous prêter une absurdité dont nous ne sommes pas responsables, que nous faire réclamer pour tous cette similitude de droits. Ce que nous réclamons — il faut l'affirmer de nouveau, — c'est l'égalité dans le respect de ce qui appartient à chacun. C'est, pour mettre la chose en **formule** : *le respect égal de droits différents* ; chacun , *positis ponendis* , pouvant devenir tout ce qu'il peut être, et posséder ainsi la vie « en abondance », selon la parole de notre divin Seigneur. Ce droit à l'égalité vis-à-vis des moyens de développement contredit par le système économique et social dans lequel nous vivons, l'est surtout lorsqu'une disproportion trop grande existe dans la marche ascendante des différentes classes, le progrès profitant aux unes, et ne profitant pas aux autres ; lorsque les moins favorisées ne grandissant pas, pour parler la langue des mathématiques, *en fonction* de celles qui le sont davantage ; lorsque, notamment, le progrès dans les découvertes industrielles enrichit rapidement le capitaliste et n'améliore en rien le sort de l'ouvrier.

L'égalité démocratique requiert, comme condition, des facilités spéciales pour l'accession à la propriété. Et on voit, par là, comme nous sommes mal compris de ceux qui, nous appelant socialistes, nous présentent comme des adversaires du droit de propriété. L'égalité n'exige pas le nivellement des rangs sociaux, mais elle demande qu'on les oublie ; elle n'admet pas la prétention de ceux qui mettent sans cesse en avant leur « amour pour les humbles et les petits »; elle s'oppose à ce que nous traitions toujours, comme s'il était encore en nourrice, le peuple depuis longtemps devenu majeur. A ceux qui objectent que ce peuple fera des sottises, elle répond : Les rois et les grands n'en ont-ils pas fait ?

Elle ne se leurre pas du chimérique espoir de supprimer toutes les inégalités de fait, mais elle travaille à substituer des inégalités personnelles aux inégalités de classes. La société n'est pas un pot au lait où la crème monte naturellement à la surface, le petit lait restant en bas. Ceux qui se croient, par *nature* ou à cause de leur fortune ou de leur *race*, destinés à faire partie de la crème, peuvent avoir cette idée : nous ne l'acceptons pas. Et s'il faut rester dans le domaine des métaphores, nous préférons voir la société sous l'image d'un vase plein d'eau en ébullition, chaque goutte se transformant à son tour en bulle de vapeur, tandis que le travail commun se fait dans un va-et-vient incessant. « S'il en était ainsi, comme dit Huet[1], la faveur de l'opinion s'attacherait au mérite et à la vertu. Le hasard de la naissance ne précipiterait plus tous les enfants d'une même famille ou vers les professions libérales ou vers les métiers plus communs. Il ne serait pas rare qu'un père eût un de ses fils charpentier ou maçon, avec un autre avocat ou médecin. Les états et les hommes se mêleraient sans cesse : et, dans une politesse égale, dans des usages communs,

---

1. HUET, *Le règne social du christianisme.*

s'évanouirait l'orgueilleuse distinction des conditions et des classes. C'est le vœu du chrétien, du philosophe et du véritable homme d'Etat. »

* *

Et ici apparaît une nouvelle différence entre les démocrates chrétiens et les adeptes de la démagogie et du socialisme.

Les démagogues veulent la prépondérance d'une classe ou plutôt l'oppression par une classe, les socialistes travaillent au rétablissement de l'esclavage sous le despotisme de l'Etat ou de la collectivité : leurs grands chefs font nettement campagne contre la propriété individuelle, quelques-uns même contre la patrie. Est-il besoin de dire qu'ils n'ont, en tout ceci, rien de commun avec nous? On pourrait même établir qu'ils n'ont pas le droit, sans tomber dans les pires contradictions, d'écrire sur leur drapeau la devise que nous sommes fiers de proclamer : fraternité, égalité, liberté.

Puis notre concept de la notion de justice diffère absolument du leur. Pour nous, on a déjà dû le remarquer, la justice sociale consiste à protéger également des droits le plus souvent inégaux ; pour eux, la justice sociale doit réaliser l'égalité absolue et rétablir l'ordre naturel faussé par l'ordre social. Avec l'histoire et la théologie

catholique nous admettons nombre d'inégalités
comme normales et naturelles, et nous croyons
que ces inégalités n'ont rien de contraire à l'idée
de la justice sociale; eux ne l'admettent pas.

Tous les hommes sont égaux en nature, disent-
ils, ils doivent aussi être égaux en droits; toute
inégalité sociale, sous quelque forme qu'elle se
présente, est injuste et doit être supprimée. Ils ne
voient pas que ce raisonnement repose sur un
pur sophisme et qu'ils confondent l'individu avec
l'espèce. Oui, les hommes sont égaux en nature,
et cette égalité leur confère des droits; ces droits,
admirablement résumés par l'Encyclique, sont,
pour le corps : le repos nécessaire et le salaire
suffisant, nonobstant toute convention même
librement consentie ; *pour l'âme* : la possibilité
du développement de la vie intellectuelle, morale
et religieuse ; *pour l'enfant* : le droit de ne pas
être jeté trop tôt à l'usine ; *pour la femme* : le
droit de vivre à son foyer; *pour le chrétien* : la
liberté de son dimanche, le respect de sa conscience; *pour tous* : le droit d'être à l'abri de certaines suggestions du vice que l'on peut éviter.
Contentons-nous, sans vouloir tout énumérer,
d'indiquer ces quelques points.

Tout cela ne paraît-il pas évident ?

Mais n'est-il pas aussi évident que cela n'entraîne point nécessairement après soi l'égalité de
l'individu. Il suffit de réfléchir quelques instants
pour se convaincre de la nécessité d'une hiérar-

chie sociale ; il suffit d'ouvrir les yeux pour constater que l'intelligence, la force, la santé, le talent sont inégalement répartis ici-bas ; que l'homme produit avec plus ou moins d'habileté et d'énergie, qu'il consomme plus ou moins selon qu'il sait régler sa vie, contrôler avec plus ou moins d'exactitude ses recettes et ses dépenses de chaque jour. Seulement, pour les besoins de leur thèse, nos bons apôtres se gardent bien d'envisager la question par ce côté, et ils continuent d'égarer les esprits en faisant briller aux yeux du peuple l'apparence de l'égalité.

Toutefois, s'ils s'en tenaient là, leur but ne serait pas atteint. Car il ne suffit pas de fausser les esprits, il faut encore séduire et entraîner les volontés. A cette fin, ils réclament l'égalité du bien-être pour tous procurée par ce qu'ils appellent d'un mot atrocement barbare : la socialisation (c'est-à-dire la suppression) de la propriété, par la distribution du travail et l'entretien des individus mis au compte de la collectivité. Nous avons montré ailleurs[1] combien cette théorie est nuisible et injuste, même à ceux qu'elle prétend avantager. Nuisible, parce que la liquidation sociale, entraînant la liquidation des salaires, enlève à l'ouvrier tout espoir d'amé-

[1]. Voir notre ouvrage : *Propriété, Capital et Travail*, un vol. in-12. 3 fr. 50. Paris, bureaux de la *Justice sociale*, 12, rue Littré.

liorer son sort, et, sous couleur d'obliger son
patron à descendre, l'empêche lui-même de monter ; injuste, parce que, expropriant le travailleur
d'un salaire dont il voudrait employer l'excédent
à son gré, ne tenant aucun compte de l'énergie,
de l'intelligence et du talent, elle fait de l'économie une sorte de délit antisocial, et profite, en
réalité, surtout aux paresseux et aux alcoolisés.

On voit — ne nous lassons pas de le redire,
tellement certains prennent à tâche de dénaturer
notre doctrine — que notre égalité ne doit point
se confondre avec l'égalitarisme ; elle n'appelle
point le nivellement brutal, elle suppose au
contraire la hiérarchie. Car nous considérons la
société comme un organisme vivant dont les
organes, essentiellement distincts et subordonnés,
par le fait même de cette distinction et de cette
subordination, concourent harmonieusement à
la marche du tout. « Les aspirations des masses
vers l'égalité sociale (j'entends une égalité raisonnable) sont parfaitement légitimes, dit Mgr Ireland [1]. L'égalité sociale n'est, après tout, que l'expression de l'égalité au point de vue de la
dignité humaine et de la dignité de chrétien. Il
faut cependant prendre garde que l'égalité sociale
n'est pas opposée à la hiérarchie sociale : parenté,
services, autorité, engendrant des droits et des
devoirs sociaux qui ne sont pas les mêmes pour

---

1. Cf. *Terre de France*, octobre 1894, p. 802.

tous ; le génie, le talent, la vertu, les richesses apportent la considération et donnent une certaine prééminence morale qui sera toujours admise. Cette observation suffit pour montrer que l'égalité sociale peut se concilier parfaitement avec l'inégalité naturelle. L'inégalité naturelle est celle de l'intelligence, des forces, de la santé, etc. — Cette inégalité est plus ou moins corrigée dans la société, qui protège les faibles. La hiérarchie sociale est chose naturelle, indestructible ; ce qui n'est pas aussi naturel, ce que l'on peut abolir, c'est la trop grande distance entre les deux bouts de cette hiérarchie ; il n'est pas nécessaire que les uns soient si haut et les autres si bas. »

CHAPITRE XVI

L'ascension du peuple

A mesure que l'instruction se répand, la plaie
nous apparaît de plus en plus, qui ronge le corps
social. La trop grande inégalité des conditions
et des fortunes n'a pu se maintenir que par
l'ignorance d'un côté et une organisation anormale
de l'autre. Mais dès que cette inégalité est devenue visible, un coup mortel lui a été porté ; et,
par suite de « cette opinion plus grande qu'ils ont

conçue d'eux-mêmes » et dont Léon XIII, dans l'encyclique *Rerum novarum*, reconnaît la parfaite légitimité, les hommes du peuple ont fait un effort vigoureux pour conquérir une place plus large au soleil de l'humanité.

Or c'est le progrès, cela : le progrès, dont la marche lente et sûre ne repousse aucun des principes qui firent la force du passé, ne craint aucune des évolutions qui préparent l'avenir, mais va, sans arrêt, sous l'inspiration de la pensée chrétienne toujours forte et de l'Eglise toujours debout dans son indestructible vitalité. Nous respectons les choses d'hier, souvent bonnes et parfois nécessaires ; nous savons que la continuité est la loi de la vie ; nous sommes fiers du bon travail de nos aînés et nous n'hésiterons jamais à donner le salut d'honneur aux générations qui précédèrent la nôtre, à ceux qui, avant nous, ont lutté, souffert, pour pétrir le moule d'où nous sommes sortis ; mais ce n'est pas une raison pour nous arrêter en chemin.

L'Eglise ne redoute aucun progrès, et le progrès démocratique moins que tout autre ; car, plus que tous, il fait tomber les obstacles qui empêchent la société moderne d'aller au Christ. Les rois peuvent craindre que l'Eglise ne borne leur pouvoir sur des sujets ; le peuple n'a pas cela à craindre : il est à la fois roi et sujet. Les puissants peuvent craindre que l'Eglise ne

prêche l'égalité aux petits ; le peuple n'a pas cela
à craindre : en lui sont à la fois les puissants et
les petits. Les riches peuvent craindre que
l'Eglise ne parle trop de leurs devoirs envers les
pauvres ; le peuple n'a pas cela à craindre : riches
et pauvres sont en lui.

En réalité, l'histoire de la civilisation est l'histoire de l'ascension de l'humanité poursuivant sa
route à travers des vicissitudes diverses et
s'affranchissant des misères matérielles et morales, pour conquérir une indépendance de plus
en plus grande, faite de sagesse et de vertu. Dans
ce progrès, se trouvent les deux idées de réforme
et de conservation. Sans la première, l'humanité
piétinerait éternellement ; sans la seconde elle ne
pourrait faire œuvre qui dure, et, après chaque
étape, elle reviendrait au point de départ. L'erreur de certains hommes est de ne voir que la
première de ces idées, d'autres ne voient que la
seconde ; des deux côtés on se trompe, car
réforme et conservation sont nécessaires. Notre
devoir est de veiller à ce qu'il n'y ait pas entre
elles d'antagonisme pouvant engendrer une lutte
violente qui serait fatale au progrès.

Pourquoi, dit l'éminent sociologue M. H. Savatier, ferait-on un crime aux classes laborieuses de
tendre à un relèvement de leur rang social qui
embrasse, outre la suffisance économique de la vie,
l'ordre civil et politique ? Pourquoi imputerait-on
nécessairement à mal « cette opinion plus grande

que les ouvriers ont conçue « d'eux-mêmes » dans
un état plus avancé de la civilisation et à la suite
des merveilleux progrès matériels dont le but providentiel ne peut être que l'amélioration intellectuelle
et morale du sort de l'humanité? Une appréciation
bien pesée en raison du temps présent et de l'histoire du passé, engage, croyons-nous, à accueillir
favorablement le mouvement d'ascension populaire.
N'est-ce pas là la suite d'une tradition chrétienne
non interrompue? Sous l'influence des idées et des
pratiques du christianisme, nous voyons, à travers
les siècles, disparaître successivement l'esclavage,
puis le servage, puis les infériorités civiles et politiques des régimes d'autrefois. Certainement, on
peut trouver que l'établissement du régime nouveau
de liberté civile et politique sous lequel nous vivons
a été prématuré et que son organisation ne tient pas
compte de la nature des choses; on peut se demander si les intentions des promoteurs ont été pures et
si l'ambition ne s'est pas proposé d'abuser de l'incapacité et de l'inexpérience populaires. Mais il n'y
a guère que des sentiments d'humeur qui puissent
porter à chercher la destruction de notre régime de
liberté civile et politique. Une conduite conforme à
la sagesse et à des conseils autorisés consistera à
rechercher l'amélioration de ce régime, à rendre
son organisation viable et conforme à la nature des
droits et intérêts de chacun, à entreprendre l'œuvre
d'éducation populaire susceptible de donner au
grand nombre la somme nécessaire de capacité et
d'expérience, à détourner les masses de violences
pernicieuses au bien public, en leur apprenant
comment « il est permis de tendre vers de meilleures
destinées avec l'aveu de la justice ».

Seconder ainsi l'ascension populaire, lui donner
la maturité et la sûreté que compromettent souvent

les révolutions politiques, apparaît œuvre bien conforme au rôle de l'Eglise dans l'évolution sociale. Ce rôle conservateur et progressiste, il semble que le Souverain Pontife, dans sa lettre aux évêques de Belgique, l'a marqué en ces termes : « Le bon progrès en toute chose, pourvu que l'évolution se fasse avec lenteur et modération, doit contribuer à la vraie stabilité et conduire à de plus grands biens dans l'avenir [1]. »

*
* *

Le peuple ne vit pas seulement de pain, il vit encore de justice et de respect. Dans l'ancien monde, les esclaves étaient nourris, vêtus et abrités, mieux parfois que beaucoup de prolétaires d'aujourd'hui. Cependant un homme se leva, qui leur prêcha la révolte, et les esclaves suivirent Spartacus. Nous sommes à une heure semblable. Le peuple sent que quelque chose lui manque et il réclame ses droits ; il veut voir disparaître les assises inférieures de ce prolétariat, fruit de la civilisation païenne qui avait à peu près disparu au Moyen-Age, qui a envahi notre société moderne, grandissant avec ce que certains appellent le progrès.

1. H. Savatier. *Les revendications légitimes des travailleurs, d'après les enseignements du Saint-Siège.* Cf. *Association catholique*, 15 septembre 1895, p. 245.

Le véritable progrès, ne l'oublions pas, doit être envisagé sous un point de vue relatif, et non sous un point de vue absolu ; aussi ne serait-il ni juste ni raisonnable, pour répondre à certaines revendications, de comparer l'état de la vie ouvrière, hier et aujourd'hui. Ce qu'il faut comparer, c'est l'écart entre la vie ouvrière et la vie patronale, hier et aujourd'hui ; c'est la situation respective, aux différentes époques, de ceux qui sont en haut et de ceux qui sont en bas de l'échelle sociale. Car il y a une énorme différence entre ne pas satisfaire des besoins qu'on ignore et éprouver des besoins qu'on ne peut satisfaire; il y avait, sans nul doute, plus de véritable progrès au temps où les chemins de fer étaient inconnus, mais où le salaire du chef de famille pouvait nourrir la femme et les enfants. C'est qu'il ne faut pas confondre le progrès scientifique d'un siècle avec son progrès social. Le premier suit une marche pour ainsi dire fatale, l'autre dépend de causes morales nombreuses. Et cela explique les nombreuses vicissitudes que nous lui voyons traverser, selon que l'on donne plus d'estime au développement de la culture intellectuelle ou au sentiment de solidarité qui permet à chacun d'entrer dans la concurrence vitale, sans une trop grande infériorité. C'est là le résultat qu'il faut travailler à obtenir, afin qu'il n'y ait, dans notre société, qu'une grande famille ; et, au point où nous en sommes arrivés, cette condition paraît

nécessaire pour que le monde continue sa route
dans le vrai chemin du progrès.

La société, dit La Mennais, se partage généralement en deux catégories, « l'une investie de droits
obstinément refusés à l'autre, l'une dominante et
l'autre dominée, l'une généralement riche et l'autre
généralement pauvre ». Or, cette dernière reçoit
habituellement le nom de peuple. Tel que nous
venons de le définir, le peuple forme dans toute
société, sans nulle comparaison, le plus grand nombre ; et, en outre, cette même société ne subsiste
que par lui ; car aucune société ne subsisterait seulement vingt-quatre heures, si tous les travaux
s'arrêtaient soudain, et tous les travaux indispen-
sables pour la conservation de la vie sont dévolus
au peuple... On peut dire que, sur un milliard envi-
ron d'individus dont se compose le genre humain,
plus de neuf cent millions appartiennent au peuple.
L'histoire du peuple est donc l'histoire du genre
humain ; l'état du peuple représente son état véritable ; il est, à chaque époque, la mesure réelle du
progrès [1].

* *

Aussi devons-nous travailler à l'ascension du
peuple. Un courant large et profond entraîne le
monde ; et, dans l'histoire, les révolutions ne
sont que des épisodes. des signes plus ou moins

1. LA MENNAIS, *Le passé et l'avenir du peuple*, c. III.

fugitifs de l'émancipation des masses et de l'ascension des petits. C'est cela qu'il faut regarder, quand on veut avoir le sens du présent et comprendre les promesses de l'avenir, tandis que le peuple monte les marches de granit de l'escalier royal qui conduit à l'égalité.

Le récit de cette ascension du peuple et de la lutte qui l'accompagne est une épopée grandiose ; elle constitue la trame de l'histoire humaine et lui donne son intérêt le plus profond et le plus poignant. Contentons-nous de regarder à Rome : nous y verrons Romulus marquer la révolte du Palatin contre le Capitole et le premier pas vers la décadence des maîtres sabins. Le peuple devient aristocratie, la plèbe devient peuple, et la lutte continue entre ces deux nouveaux éléments. L'ère chrétienne nous donne le même spectacle : les trois premiers siècles forment comme une période d'incubation ; les IV°, V° et VI° siècles voient éclore l'idée ; cette idée croît au IX° et au X° siècle, et paraît, au XIII°, en marche vers sa plénitude. L'Eglise la seconde, d'ailleurs, de tout son pouvoir, par cette méthode très simple, qui, dès le premier jour, imposa la loi de l'égalité à ses enfants : aucune distinction dans ses temples, dans l'administration de ses sacrements, dans le repos au cimetière, dans le recrutement du clergé ; et sur le trône de saint Pierre, on put voir un pape, saint Calixte, qui avait été esclave et dont le front était marqué.

L'effort de la royauté pour devenir absolue et le triomphe momentané de cette illégitime ambition enraya le progrès, mais ne put en anéantir le ferment. Tout monde est en gestation d'un monde nouveau, et il n'appartient à personne de changer cette loi. Les empereurs romains, avec toute leur puissance, n'ont pas pu maintenir l'état de choses qu'Auguste et ses successeurs avaient établi : Charlemagne a prévu le déclin de son œuvre : Richelieu a cru faire la monarchie absolue : il a préparé la Révolution. Pourquoi la loi changerait-elle aujourd'hui ? pourquoi la société resterait-elle figée dans une immobilité qui ressemblerait à la mort ? pourquoi continuerait-elle à porter un vêtement qui n'est plus fait pour sa taille ? pourquoi l'Evangile aurait-il épuisé toutes ses conséquences sociales ? pourquoi notre grand Pape et nos grands évêques auraient-ils tort de saluer l'aurore des temps nouveaux ?

*
* *

Notre joie est grande de constater la place, chaque jour plus importante, que prend le peuple dans l'histoire et parmi ceux qui font l'histoire de l'humanité ! C'est, d'ailleurs, la place qui lui revient de droit. Aux jours du Christ, c'est le peuple qui suivait en foule le discoureur divin,

qui s'enivrait au doux son de ses paroles, s'atta-
chait à ses pas, jusqu'au lac, jusqu'à la montagne,
jusqu'au désert, et voulait en faire un roi ; les
scribes et les pharisiens, eux, n'avaient que du
mépris pour le Fils de Dieu. Lisez l'Evangile, vous
verrez que, maintes fois, la crainte du peuple
empêcha les pharisiens et les scribes de se débarrasser de Jésus. Lors du miracle de Lazare, c'est
le peuple qui allait à sa rencontre, tandis que
les pharisiens s'éloignaient ; lors de l'entrée triom-
phale, c'est le peuple qui l'acclamait et, sur la
route, jetait palmes et manteaux, tandis que les
autres complotaient.

Et si, dans la nuit funèbre du Vendredi Saint,
le peuple, égaré par les mensonges et les perfi-
dies des dirigeants d'alors, eut un instant la
malédiction sur les lèvres et des pierres dans les
mains, il se ressaisit bientôt. A Jérusalem, c'est
lui qui, le premier, écouta les apôtres, que, sans
lui, plusieurs fois les sanhédrites auraient lapi-
dés. Par tout le monde, c'est lui qui, le premier,
fit accueil à la « bonne nouvelle » ; lui qui a donné
ses fils pour en faire des apôtres du Christ, ses
bras pour bâtir les temples du Christ, ses poitrines
pour opposer un vivant rempart aux assauts de
l'Islam, qui avait déclaré la guerre au Christ. C'est
lui qui, au XVI⁰ siècle, dans la presque universelle défaillance des grands, a gardé la France au
Christ ; lui, enfin, qui, à l'heure actuelle, donne
au Christ la presque totalité de ses prêtres, de

ses religieux, de ses moines, de ses vierges consa-
crées, et qui, de l'autre côté des mers, envoie ses
fils les plus généreux réveiller les nations endormies et leur apporter la parole du Christ.

Pourquoi le tiendrait-on en perpétuelle mino-
rité, ce peuple ? Pourquoi les chrétiens, qui se
réclament de Jésus, douteraient-ils de celui qui a
tant fait pour le Maître adoré ? L'aigle planait
jadis sur le monde, couvrant de ses ailes les
empereurs et les rois. Les empereurs et les rois
sont morts ou vont mourir, c'est le peuple aujour-
d'hui que l'oiseau royal au vol hardi abrite de
ses ailes ; laissons l'aigle planer.

Quand tout progresse autour de nous, cette
ascension est un des grands ressorts civilisateurs ;
que le peuple prenne donc sa place, qu'il fasse ses
affaires lui-même. Quels que soient les raison-
nements, on n'arrivera pas à nous persuader que
le peuple est aux ordres d'une classe prétendue
dirigeante ; qu'un rentier, fût-il richissîme et eût-
il encore plus de fonds placés à l'étranger, est
plus intéressé à sauver le pays que le soldat qui
le défend, l'ouvrier qui l'entretient ou le paysan
qui le nourrit ; qu'un littérateur sans talent
occupe, sur l'échelle sociale, un rang supérieur
au fermier qui cultive bien sa terre ou au charpentier qui sait habilement construire un toit ;
que le prolétariat est un fruit légitime de notre
civilisation chrétienne ; qu'il est normal de voir,
chez nous, près de sept millions d'hommes dans

la quasi-impossibilité d'arriver à l'aisance, et tous ces Français qui sont, au pied de la lettre, des fils de famille, privés de l'héritage du travail des aïeux. Leurs pères se sont fait tuer pour défendre le patrimoine national, et eux, vagabonds sur leur propre terre, marchent vers l'inconnu, sans gîte et sans pain, comme des exilés qui ne voient point de terme à leurs maux.

Les démocrates chrétiens saluent donc d'une acclamation joyeuse le grand soleil qui se lève sur l'humanité. Ils croient que l'astre qui, depuis la crèche et le calvaire nous inonde des rayons de son éblouissante lumière, n'est encore qu'à son lever, et ils le voient monter. Ils croient que le midi sera splendide, et éclairera une race forte et d'une étonnante vitalité chrétienne, où la fraternité engendrera l'égalité, dans la sainte liberté des enfants de Dieu. Ils croient que, plus les hommes, plus tous les hommes, monteront en dignité et en valeur personnelle, plus ils sentiront leur élévation dans cette valeur et cette dignité, mieux ils serviront le Maître qui les a créés.

Et ils se disent que leur devoir est de préparer, dès maintenant, dans la mesure de leurs forces, par les fatigues, les luttes et les souffrances du présent, et pour la gloire du Christ béni, les splendeurs de l'avenir.

Cela ne viendra pas sans peine, certes, car tout enfantement est douloureux ; pour que le siècle vingtième soit un grand siècle, Dieu a peut-être décidé qu'il y aurait de dures épreuves pour ceux qui travaillent à sa préparation.

Mais qu'importe, après tout? et le Père Hecker, dont la doctrine n'est pas toujours sans reproche, mais qui nous découvre parfois des horizons superbes, n'a-t-il pas raison, lorsque, songeant aux préoccupations de l'heure présente, il écrit ces fortes paroles que nous ne saurions trop méditer : « N'est-il pas plus sage de mettre toutes ses pensées et toute son énergie à préparer les voies pour le succès futur et pour le triomphe de la religion, que de travailler péniblement à perpétuer le présent état de choses, qui doit être, qui commence déjà à être supplanté ? Cette attitude peut n'être pas comprise ou mal interprétée, elle peut devenir pour nous une occasion d'épreuves ; c'est pourtant la seule que nous puissions concilier avec le sentiment du devoir. »

CHAPITRE XVII

La liberté dans la Démocratie

*Nature de la liberté. — Fausse liberté. — La liberté
n'est pas une fin. — Définition de la liberté. — Les
exigences de la liberté. — L'autorité. — La lutte
pour l'ordre et la liberté. — L'erreur libérale. —
Deux tendances des catholiques. — Habileté des
sectaires. — La faute des catholiques. — Rôle du
Catholicisme. — Pas de liberté chez les anciens. —
Fatalité de l'esclavage. — Les principaux obstacles
à la liberté. — La campagne à mener.*

D'après la doctrine de l'Église, et, d'ailleurs,
en bonne philosophie, la liberté ne consiste pas
à faire tout ce que l'on veut, mais à posséder normalement la faculté de faire tout ce que l'on doit
vouloir, à n'être contraint de faire rien de ce que
l'on ne doit pas. Ainsi, la liberté *morale* donne
la faculté de vouloir le bien ; la liberté *civile*
donne la faculté de faire le bien ; la liberté *politique* assure la liberté civile au moyen des lois et

des institutions; la liberté *sociale* s'oppose à ce qu'un individu soit écrasé par un autre ou par la masse, et permet à chacun d'atteindre plus sûrement sa fin, appuyé sur le principe de solidarité, qui multiplie la force individuelle par la force de tous.

On voit déjà que nous sommes loin de cette liberté saluée comme une légitime conquête de l'esprit moderne par ceux qui voient un bien dans la possibilité de faire le mal, qui applaudissent, par exemple, à la proclamation du droit de tout dire et de tout écrire, sans se préoccuper des conséquences. On voit aussi que nous sommes loin du *stuggle for life*, lutte pour la vie, écrasement des faibles après la victoire des forts. La liberté vue sous cet aspect est très justement anathématisée par l'Eglise; elle est contraire à la foi, à la loi divine, au sens commun, au bon ordre social.

Une autre erreur consiste à croire que la liberté, par elle-même, est une fin. Non. La liberté n'est qu'un moyen. Elle n'est pas le terme de nos efforts, elle n'en est que l'instrument. Instrument doué d'une incomparable puissance d'édification entre des mains qui savent le manier; instrument d'une puissance non moins grande de destruction, lorsqu'il appartient à des malhabiles qui ne savent qu'en abuser. Aussi Notre-Seigneur n'a-t-il point donné, comme but à notre vie, la recherche de la liberté, mais la recherche de la justice;

ceux qui possèdent la justice peuvent compter sur le reste par surcroît.

Nous définissons la liberté : la faculté d'exercer son droit et d'accomplir son devoir. Aussi, nous croyons qu'il n'y a pas de liberté possible lorsque le droit de tout homme à la vie n'est pas respecté. Un système qui me présente une apparence de liberté politique et n'assure en rien ma liberté économique, un système qui oublie que, avant de réclamer ma place de citoyen, je réclame ma place d'homme, et que mon droit d'électeur s'appuie sur mon droit de vivant, est un système antilibertaire.

Allons plus loin. Un système dont l'application normale tient fatalement toute une classe d'hommes en dehors de la propriété, cette condition, ou, si on préfère, ce moyen providentiel de l'indépendance, qu'il s'agisse de la propriété individuelle ou de la propriété collective, est également un système antilibertaire, eût-il pour base le suffrage le plus universel.

La liberté suppose nécessairement l'autorité, c'est-à-dire un pouvoir délégué à certains, pouvoir chargé de délimiter les droits qui peuvent être en conflit, et de protéger les intérêts légitimes de tous. Mais cette autorité qui doit maintenir l'ordre et assurer le bien général n'est vraiment dans son rôle et assurée de vivre, que si elle respecte l'exercice normal de la liberté.

Quand on est soumis au gouvernement légal de son pays, disait un jour M. Thiers à la tribune du Corps législatif[1], il y a deux choses qu'on est toujours en droit de lui demander : l'ordre et la liberté. Quand la société est privée de l'ordre, elle vit dans les angoisses : inquiète, agitée, elle ne travaille pas, ou elle travaille peu. Or, le riche peut quelquefois ne pas travailler, mais la société est un ouvrier condamné à gagner, du lever au coucher du soleil, le pain de ses enfants. Si elle s'arrête un jour, elle s'appauvrit, et tandis que, privée d'ordre, elle s'appauvrit au dedans. au dehors elle se déconsidère. Et ce qu'il y a de plus triste, c'est qu'elle tend de tous ses vœux au despotisme.

Si c'est la liberté qui lui manque, la société n'est pas plus heureuse : elle souffre différemment, mais elle ne souffre pas moins. Elle s'inquiète, elle s'agite sourdement, elle se sent humiliée ; et si, faute d'être assez consultée, elle aperçoit que ses destinées sont dirigées dans d'autres vues que les siennes, elle s'irrite. Elle voudrait le dire, elle ne le peut pas, elle est toujours prête à éclater ; et tandis que, privée d'ordre, elle tend au despotisme, privée de liberté, elle tend aux révolutions.

Toute l'histoire est là pour confirmer la vérité de ces paroles. L'histoire enregistre, à chaque page, la lutte perpétuelle pour la liberté contre l'autorité devenue tyrannie, pour l'autorité contre l'anarchie

---

1. **Discours du 11 janvier 1864.**

confondue avec la liberté. Les Grecs à Marathon
et à Salamine, les martyrs devant les proconsuls,
luttaient pour être libres ; les tyrans et les dictateurs
venaient ordinairement, au contraire, lorsque,
sous prétexte d'être libres, les hommes demandaient le droit de se laisser aller aux pires excès.
L'Église eût été avec les Grecs contre les Perses ;
elle fut avec les martyrs contre les persécuteurs ;
mais elle soutint aussi l'autorité et ne voulut
jamais reconnaître le droit à l'anarchie, sous
quelque forme qu'elle essayât de se présenter.
« L'erreur libérale, dit Mgr d'Hulst [1], ne consiste
pas à aimer la liberté, à la glorifier, à la défendre : elle consiste à la dénaturer, en faisant d'elle,
non plus un moyen, mais une fin, un bien absolu,
une sorte de divinité. Si la liberté extérieure en
matière de manifestations religieuses ou irréli-
gieuses est un principe inviolable, pourquoi pas
en matière de manifestations morales, politiques
ou sociales ? Alors le père n'aura plus le droit de
réprimer les vices naissants de son enfant. Ne
me dites pas que l'âge de l'enfant donne tous les
droits au père, car l'absolu n'a pas d'âge ; l'État,
non plus, n'a pas le droit de punir une propagande subversive. N'alléguez pas l'intérêt public :
l'absolu est plus respectable que la sécurité. Le

1. *Conférences de Notre-Dame*, Carême de 1895 : la
morale du citoyen ; 5ᵉ conférence : l'Eglise et l'Etat. Relations des deux pouvoirs.

libéralisme condamné est celui qui prétend con-
férer à la liberté extérieure, en matière religieuse,
une immunité imprescriptible qu'il refuse à bon
droit aux libertés civiles. »

C'est ce libéralisme que certains ont appelé la
liberté moderne, et c'est cette liberté moderne
que l'Eglise a repoussée.

Faire accorder l'autorité avec la liberté est
chose fort difficile et constitue un problème rarement résolu à la complète satisfaction de tous.

Certains, par horreur de l'anarchie et des agitations stériles, sont tout prêts à exagérer les
droits de l'autorité : d'autres exagèrent tout aussi
facilement les droits de la liberté. La tendance
des catholiques va plutôt vers les premiers ; les
non-catholiques, au moins en paroles, sont plutôt
avec les seconds.

*
* *

Notre siècle fut grandement passionné pour la
liberté.

Certes, nous ne le lui reprochons pas. D'autant moins que, durant les âges qui le précédèrent, l'autorité s'était peu à peu transformée en
absolutisme. Une réaction s'imposait. D'instinct,
le peuple réclamait son droit d'être libre, au nom

de la justice. dont le désir immense était dans son cœur. La grande habileté de ceux qu'on nomma les « philosophes » fut de s'emparer de cet instinct, et d'arriver à le conduire pour le faire servir, sous couleur de travailler au bien public, à la poursuite de leurs néfastes projets.

Vers la fin du dernier siècle, il y avait pour les hommes d'Église un rôle merveilleux à jouer ; ils ne le virent pas. Il s'agissait de reprendre l'œuvre des apôtres et de considérer que l'Ancien Régime était un renouvellement du paganisme. Car on chercherait vainement à établir une réelle différence entre l'esprit païen et l'esprit qui dicta le testament de Louis XIV, cet esprit dont l'absolutisme, méconnaissant jusqu'à l'existence de la personnalité humaine, aboutissait à l'apothéose du prince, et à cette affirmation plus qu'étrange : « L'Etat, c'est moi ! »

Mais cette œuvre à faire ne fut pas comprise, quoique la doctrine de l'Église renfermât tous les principes qu'elle suppose et répondît à toutes les questions : « Le problème vital de nos sociétés modernes, dit M. Fonsegrive[1], se trouve dans la manière d'établir l'accord entre des libertés devenues nécessaires et la discipline demeurée indispensable. Or, je ne crains pas d'avancer que le Catholicisme résout ce problème

---

1. Cf. FONSEGRIVE, *Le sens catholique et son importance sociale* (*La Quinzaine*, 1ᵉʳ juillet 1895, p. 9).

d'une façon admirable, que notre foi nous permet
de qualifier de divine. Et c'est par là que la connaissance approfondie du Catholicisme peut
servir à notre pays, précisément à l'heure difficile que nous traversons ; car le sens de l'harmonie entre la liberté et l'autorité, quoi qu'on en
pense et quoi qu'on en dise, c'est le sens catholique même. Aucune démocratie ne peut vivre,
je ne dis pas : si tous les citoyens ne professent
expressément le catholicisme, je dis : si, de façon
ou d'autre, elle n'a pas l'esprit du Catholicisme.
C'est donc à nous qu'il appartient de répandre
autour de nous et de faire rayonner cet esprit. Et
pour cela il est nécessaire que nous augmentions
en nous-mêmes sa vigueur par l'étude, par la
connaissance des dogmes. »

Et voilà pourquoi nous disions plus haut que les
anciens, à proprement parler n'ont pas connu la
liberté. On a beau faire résonner ce mot comme
une fanfare, il n'y a là qu'un pur artifice de
réthoricien, et cela ne change rien aux leçons de
l'histoire. L'histoire nous apprend que cette
liberté antique tant prônée ne fut qu'une liberté
politique restreinte à l'indépendance de la cité,
mais n'allant pas jusqu'à atteindre la personne.
qui, par elle-même, n'avait aucun droit de famille
ou de propriété.

Dans la société gréco-romaine, dit Fustel de Coulanges [1], la liberté individuelle ne pouvait pas exister. Le citoyen était soumis, en toutes choses et sans nulle réserve à l'Etat; il lui appartenait tout entier... Son corps appartenait à l'Etat et était voué à sa défense... A Rome, le service militaire était dû jusqu'à quarante-six ans; à Athènes et à Sparte, toute la vie. Sa fortune était toujours à la disposition de l'Etat. Si la cité avait besoin d'argent, elle pouvait ordonner aux femmes de lui livrer leurs bijoux, aux créanciers de lui abandonner leurs créances, aux possesseurs d'oliviers de lui céder gratuitement l'huile qu'ils avaient fabriquée. Telles étaient les exigences de l'Etat à Byzance, à Athènes, à Lampsaque, à Héraclée du Pont, à Chio, à Clazomène, à Ephèse, etc. La vie privée n'échappait pas à cette omnipotence de l'Etat. Beaucoup de cités grecques défendaient à l'homme de rester célibataire. Sparte punissait non seulement celui qui ne se mariait pas, mais même celui qui se mariait tard. L'Etat pouvait prescrire à Athènes le travail, et à Sparte l'oisiveté. Il exerçait sa tyrannie jusque dans les plus petites choses : à Locres, la loi défendait aux hommes de boire du vin pur; à Rome, à Milet, à Marseille, elle le défendait seulement aux femmes. Il était ordinaire que le costume fût fixé invariablement par les lois de chaque cité. La législation de Sparte réglait la coiffure des femmes; celle d'Athènes leur interdisait d'emporter en voyage plus de trois robes. A Rhodes, la loi défendait de se raser la barbe; à Byzance, elle punissait d'une amende le citoyen qui possédait chez lui un rasoir; à Sparte, au contraire, elle exigeait qu'on se rasât la moustache.

1. *La Cité antique*, p. 265-69.

L'Etat avait le droit de ne pas tolérer que ses citoyens fussent difformes ou contrefaits. Il ordonnait, en conséquence, au père à qui naissait un tel enfant de le faire mourir. Cette loi se trouvait dans tous les anciens codes de Sparte et de Rome ; et nous la trouvons inscrite dans les législations idéales d'Aristote et de Platon. L'âme du citoyen appartenait à l'Etat aussi bien que son corps. C'est pourquoi la famille n'avait aucun droit sur l'éducation de ses enfants : l'école relevait de l'Etat seul, qui en choisissait les maîtres. Il en était de même des croyances religieuses ; chacun devait croire et se soumettre à la religion de la cité.

Les *anciens* ne connaissaient donc ni la liberté de la vie privée, ni la *liberté* de l'éducation, ni la liberté religieuse.

L'Etat, le prince, était tout. De lui dérivaient tous les droits. Maître de toutes les vies et de toutes les consciences, il pouvait imposer à tous même sa religion. « *Quod placuit principi vigorem legis habet :* Ce qui plaît au prince doit être regardé comme loi. » Un pareil état social dans lequel l'homme n'a plus le droit de gouverner sa vie, ce qui est l'essence même de notre liberté morale, aboutit forcément à l'esclavage ; et, sans le Christianisme, le monde moderne, se moulant à l'exemple du monde antique, conséquent avec ces principes, aurait regardé l'esclavage comme la condition normale des faibles et des vaincus, c'est-à-dire des deux tiers de l'humanité.

Grâce à Dieu. l'Évangile nous a apporté une autre notion de la dignité humaine. Mais, en ce siècle qui eut la grande ambition d'être le siècle des affranchissements, le tort des catholiques a été de ne pas étudier de plus près l'Évangile, pour en tirer les conséquences qui, à ce point de vue, répondaient aux besoins de notre peuple et à ses légitimes aspirations. Quelques-uns l'ont fait, et il faut leur rendre justice ; mais trop souvent leur voix n'a pas trouvé un suffisant écho parmi nous.

Dans une brochure qui fit jadis quelque bruit et qui renferme bien des idées généreuses, M. de Montaignac a écrit une belle page qu'il est à propos de rappeler ici[1]. L'auteur y énumère éloquemment les principaux obstacles que la plupart de nos frères rencontrent sur leur route et qui les empêchent d'arriver à la liberté :

L'homme n'est pas libre, dit l'auteur, lorsqu'il a faim et qu'il n'a pas de quoi manger ; pour avoir du pain de suite, il abandonne sa liberté.

L'homme n'est pas libre, si sa femme, si ses enfants ont faim ; pour leur procurer du pain, il renonce à tout.

L'homme n'est pas libre, si, dans la crainte d'indisposer contre lui des hommes de parti qui gou-

---

1. De Montaignac, *Le pain quotidien assuré à tout le monde*, p. 16 et 17.

vernent, qui sont les dispensateurs des secours, des deniers publics, des emplois, des faveurs à tous les degrés, il est conduit à aliéner jusqu'à la liberté de son vote et l'expression de sa pensée, pour ne pas compromettre ses intérêts les plus pressants, la vie même de sa famille.

L'homme n'est pas libre, lorsque, pour obtenir des bureaux de bienfaisance, de l'assistance publique, un supplément de pain nécessaire à lui et aux siens, il lui faut aller exposer sa misère et ses plaies, subir des enquêtes, comme s'il était un malfaiteur.

L'homme n'est pas libre, lorsque, étant obligé, par la loi, d'assurer à ses enfants un minimum d'instruction, il lui est interdit de choisir le maître qui doit donner ce minimum exigé, et former, en même temps, l'esprit et le cœur de cet enfant.

L'homme n'est pas libre, si, tandis qu'il donne les plus belles années de sa vie pour le service militaire obligatoire ; si, tandis qu'il quitte le foyer, la famille dans laquelle il a été élevé avec tant de sacrifices, de peines et d'amour, il laisse sa famille sans pain pour soutenir au moins la vie de tous ceux qu'il aime, en attendant qu'il revienne les soutenir de son travail.

L'homme n'est pas libre encore, si, pour avoir du pain, il est obligé d'accepter pour son travail un salaire insuffisant.

L'homme n'est pas libre, si le produit de son travail ne suffit pas pour fournir du pain à lui et aux siens, et s'il est obligé d'éloigner de son ménage, de son foyer, de leur ouvrage naturel pour la famille, sa femme, ses filles ; s'il doit les envoyer dans les mines, les ateliers, les fabriques, s'épuiser, se perdre parfois, pour gagner un maigre salaire. Elles s'usent et se fatiguent, et le développement comme la santé des enfants en souffre, au détriment de leur nombre et de la résistance du pays [1].

Il y a donc, dans ce sens, une très belle campagne à mener.

Campagne politique, car jamais l'Etat n'a plus pesé sur l'individu, ne l'a gouverné de plus près, ne l'a administré plus étroitement, pressuré plus fortement, ne lui a demandé plus de sang et plus d'argent ;

Campagne au nom de la famille, dont l'existence elle-même est menacée par les multiples formalités requises pour le mariage, par les lois testamentaires et les mesures destructives du foyer, par des institutions qui semblent faites

---

1. « Pharisiens du libéralisme bourgeois, s'écrie Benoît Malon, vous osez vous recommander de la *liberté* quand les huit dixièmes de l'humanité sont astreints de l'aube à la nuit à d'épuisantes journées qui durent parfois jusqu'à des quatorze, seize et dix-huit heures d'un travail qui, durement commandé, leur donne à peine le pain du jour et ne les garantit jamais de la faim du lendemain et d'une vieillesse abandonnée.

« Economistes sans entrailles, vous aurez la flétrissure de l'impartiale histoire, pour avoir osé donner le beau nom de *liberté du travail* à la monstrueuse, à la torturante, à la dépressive, à la mortifère systématisation capitaliste de l'exploitation de l'homme par l'homme, exploitation qui n'a pas même épargné la femme et l'enfant. » (Cité dans *l'Association catholique*, 15 juil. 1895. *Examen de la critique des doctrines sociales sur le capital*, par H. SAVATIER, p. 15.)

pour une société uniquement composée de céli-
bataires ;

Campagne sociale, par une énergique protes-
tation contre la profanation légale du dimanche ;

Campagne économique, par la lutte sans trêve
contre les méfaits et les crimes du capitalisme.

Et, en l'état actuel des choses, sans blâmer
ceux qui font autrement et en nous déclarant prêts
à soutenir tout effort généreux, il nous semble
que notre action doit surtout porter sur ce dernier point.

Quand on a voulu démolir l'édifice social, on
a commencé par le sommet et on s'est attaqué à
la religion. Ceux qui essaient de reconstruire
doivent d'abord songer à la base : *primo vivere*.
Evidemment, l'une et l'autre choses peuvent, doivent même, être menées de front ; il importe
toutefois de donner une grande attention à la seconde. Il en est de la liberté comme de la vertu.
Selon la forte parole de Manning, on ne la prêche pas à des estomacs vides. Ainsi, nous le savons, fit le Maître ; et jugeant que, sans cela, sa
prédication aurait pu être vaine, avant d'instruire
le peuple, il a commencé par lui donner du pain.

CHAPITRE XVIII

La démocratie et le progrès

Supériorité de la forme démocratique. — La conduite de Dieu sur son peuple. — L'action de l'Eglise. — L'œuvre doctrinale, l'œuvre sociale, l'œuvre politique. — Deux écoles de théologie. — Le développement du fait démocratique.— L'Eglise et les pauvres. — Fraternité. — La charité et l'aumône. — Le gouvernement dans la démocratie. — Plus de César. — La cause des révolutions. — Le principe générateur de la Démocratie chrétienne. — Le développement de la personnalité. — Le parlementarisme.— Le droit historique. — La loi des évolutions. — La poussée démocratique. — Le labeur des démocrates chrétiens. — Pour le peuple, pour Dieu.

« Le langage des faits et celui des théoriciens, dit M. H. Savatier, dans un bel article publié par le *XXe Siècle*[1], se réunissent pour faire de cette

[1]. Le *XXe Siècle*, A propos de la démocratie chrétienne ; juin 1895, p. 486.

8***

proposition un véritable axiome de la science sociale : *La démocratie dans le gouvernement est un signe de progrès*, du progrès moral et matériel des sociétés humaines. La proposition se vérifie par cette constatation inverse que la décadence dans la moralité et dans la situation économique du peuple entraîne la baisse et finalement la perte de la démocratie. Les citations de saint Augustin et d'autres auteurs qu'on oppose au gouvernement populaire ne disent, en somme, rien qui ne revienne là ; les difficultés, les erreurs, les chutes qu'on nous signale sont tout à l'honneur de la perfection intrinsèque de la forme démocratique. »

Est-il besoin de dire que nous sommes entièrement de l'avis de l'éminent sociologue. Malgré les multiples contradictions que rencontre notre thèse, nous sommes et nous restons persuadé de la supériorité de la forme démocratique sur toutes les autres formes sociales, et nous saluons cette forme comme une conséquence naturelle du progrès par l'Evangile ; nous la saluons en tant qu'homme et en tant que chrétien.

Le respect pour la liberté et la dignité humaines qui se trouve à la base de toute vraie démocratie, n'est-il pas, d'ailleurs, conforme à la conduite de Dieu sur nos âmes et sur son peuple, ainsi que nous pouvons le voir en étudiant notre vie et en lisant l'histoire sacrée ? Dieu n'agit point sur nous par la violence ; il demande même une délibération de notre part, toutes les fois qu'il s'agit d'accomplir sa loi sainte ; il respecte notre décision et se refuse à employer sa puissance pour nous faire accomplir, dans l'ordre moral, des actes que notre volonté n'accepte pas.

Quant au peuple juif, rien de plus significatif, au même point de vue, que la conduite du Seigneur à son égard. Sans doute, Jéhovah tient à faire alliance avec les fils d'Abraham, mais cette alliance il ne l'impose pas et même, nonobstant l'acceptation primitive du pacte divin par les anciens Patriarches, deux fois il demande le sentiment formel du peuple : une fois sous Moïse[1], une autre fois sous Josué[2] ; se contentant d'indiquer à ce peuple quelles seront les conséquences de l'adhésion ou du refus sur lesquels il va délibérer.

Ainsi le Très-Haut nous donne l'exemple très suggestif et très beau du respect de la liberté humaine et de notre dignité.

L'Evangile n'a fait qu'accentuer cette doctrine ; et, dès les premiers jours, rompant avec le droit romain et les idées païennes sur l'ordre social, l'Église a orienté le monde vers le droit nouveau dont les conséquences devaient fatalement ame-

1. Exod., XIX, 3-9.
2. Josué, XXIV, 15.

ner le triomphe de la démocratie. Par ses Pères, ses docteurs, ses conciles, elle a insisté avec une force toujours croissante, non seulement sur le respect des lois de la justice à l'égard des humbles et des pauvres, mais encore sur le respect de leur personnalité et de leur liberté ! Ainsi a été formulée la doctrine nouvelle concernant le droit de propriété qui ne saurait être absolu, la dignité du travail, la fonction du pouvoir, le crédit, l'usure, la solidarité sociale, la fraternité et la justice qui doivent amener la paix promise aux hommes, en favorisant la marche ascendante des individus et des peuples vers ce mieux-devenir qu'on nomme le progrès. Depuis l'épître à Diognète jusqu'au sermon de Bossuet sur « l'éminente dignité du pauvre », l'Eglise a montré ce but à ses fidèles. L'organisation corporative qu'elle a inspirée fut un effort puissant pour réaliser l'idée, en offrant à la doctrine un vêtement social. Et, chose singulière, cette orientation donnée par l'Eglise, et affirmée avec une force de plus en plus grande par ses théologiens et ses docteurs, se retrouve même chez les partisans les plus convaincus du droit divin des rois. Il n'est pas jusqu'à Bossuet qui, dans sa *Politique tirée de l'Ecriture sainte*, ne s'en soit fait l'apologiste éloquent.

L'œuvre accomplie doctrinalement et socialement, au cours des âges passés, n'est certes point arrivée à son terme ; une troisième phase, la phase politique, vient seulement de commencer.

Et là, nous nous trouvons en présence d'un double courant, et de deux écoles dirigées chacune par des théologiens de haute valeur.

La première de ces écoles se rattache aux formules aristotéliciennes, et les scolastiques du Moyen-Age nous en ont exposé les enseignements. L'ordre monarchique leur semble être, avec certains tempéraments, la meilleure forme politique ; si les opinions diffèrent sur la nature des tempéraments, il n'y a point entre eux de désaccord sur l'idée.

La seconde école, se réclamant surtout des docteurs italiens et espagnols qui ont écrit depuis le quinzième siècle, enseigne, au contraire, la souveraineté du peuple en accord avec les droits de Dieu, opposant cette souveraineté à l'idée païenne du droit divin des rois, que les légistes de la Renaissance et de la Réforme s'efforçaient de ramener avec le *Voluntas principis suprema lex esto*. Bellarmin et Suarez ont très nettement tracé les grandes lignes de cette doctrine. Savonarole, le grand démocrate dominicain, dans son ouvrage sur le *Principat civil*, les avait, d'ailleurs, hardiment indiquées, allant jusqu'à dire — étrange audace pour l'époque, — que si, théoriquement parlant, il est possible de voir dans la monarchie pondérée la meilleure forme de gouvernement, les conditions dans lesquelles se meut la société nouvelle réclament la démocratie comme plus conforme à l'esprit de l'Eglise, et à ce que nous connaissons des desseins de Jésus-Christ sur notre humanité.

*
* *

Si on étudie l'histoire de près, cherchant à se bien rendre compte de l'idée que recouvrent les faits, on ne peut se refuser à constater que l'œuvre universelle se poursuit, sous l'impulsion de l'Eglise, dans ce sens : et que le monde marche, de plus en plus, vers une forme de société, où, selon la belle définition de M. Toniolo, « toutes les forces sociales, juridiques et économiques, dans la plénitude de leur développement hiérarchique, coopèrent proportionnellement au bien commun, en aboutissant, en dernière analyse, à l'avantage prépondérant des classes inférieures ».

Les accidents qui ont jeté quelques ombres sur l'idée dans sa marche grandissante, les manœuvres des « politiciens » qui l'ont confondue avec le parlementarisme, les tentatives des « philosophes » qui ont voulu l'imprégner de matérialisme ou de positivisme, les excès des « révolutionnaires » qui l'ont coiffée du bonnet démagogique, les aberrations des « individualistes » qui ont décoré la licence du nom de liberté, tous les efforts tentés contre elle n'ont pu ni l'arrêter ni la détruire; et l'idée va toujours.

Et, de plus en plus, sa puissance éclate, tandis qu'elle prend possession de notre société.

Or, l'Eglise, au contact de l'ordre de choses, nouveau, semble renouveler sa force, que certains affectaient de croire épuisée. Comme aux temps apostoliques, elle se rapproche du pauvre, du faible, du petit, non seulement pour le secourir, comme, au reste, elle l'a toujours fait, fidèle à sa mission de bon Samaritain; mais pour les relever, les mettre en leur place, restituer leur dignité méconnue. L'Eglise peut se passer des riches et des puissants, elle ne peut se passer des faibles et des pauvres, bien-aimés du Sauveur et avec lesquels ce même Sauveur l'a tant de fois identifiée.

*
* *

Pourquoi donc, encore, le règne de la Démocratie est-il un signe de progrès?

Est-ce parce que la Démocratie, pour durer, demande une moyenne plus élevée dans la moralité générale? Peut-être; et il faut voir là un hommage rendu à la perfection intrinsèque de la forme démocratique.

Est-ce parce qu'en elle se vérifie la parole évangélique : *Deposuit potentes de sede et exaltavit humiles* [1] : Il a déposé les puissants et il a exalté les humbles ? Peut-être aussi.

Mais tout cela est sujet à discussion ; tandis qu'une chose paraît impossible à nier, c'est que la forme démocratique est un effort plus puissant vers la reconnaissance du principe éminemment chrétien de la fraternité, selon la première parole de l'Oraison dominicale : *Notre Père qui êtes aux cieux*.

Ce développement du principe de fraternité entraîne l'ascension des classes inférieures vers l'égalité, et pousse à rechercher les moyens les plus propres à assurer, dans la limite de ce qui est juste et raisonnable, les exigences de l'égalité ; nous - 'ons vu qu'il faut placer au premier rang de ces moyens l'accession de plus en plus facile des non-possédants à la propriété, source de l'indépendance économique, condition matérielle et normale de l'exercice des droits de la souveraineté. Tel est le fond de l'idée démocratique.

De là, alors, toute une transformation dans la manière d'envisager les plaies sociales et leur traitement ; et, en premier lieu, quelque chose qui est bien près de ressembler à une révolution dans l'ordre de la « charité ».

---

1. Luc, I, 52

C'est, d'ailleurs, un des gros griefs reprochés aux démocrates ; ces malheureux sont, paraît-il, les adversaires systématiques de la « charité ».

Il y a là une erreur, ou plutôt une confusion.

Et cette confusion vient de ce que beaucoup ne savent pas ou ne veulent pas distinguer la *charité*, qui est une vertu, d'avec l'*aumône*, qui n'en est qu'un mode, une application. Ce mode, les démocrates l'acceptent lorsqu'il est absolument nécessaire, et le cas se présente trop souvent ; mais ils l'acceptent sans enthousiasme, comme un moyen d'ordre inférieur ; et ils travaillent à y avoir recours le moins possible, craignant d'obtenir un résultat contraire, sinon à la lettre, du moins à l'esprit du précepte de la charité.

La généralisation sociale du don gratuit, dit l'auteur de *A reculons*, a divisé les pauvres en deux catégories : les exploiteurs et les rageurs, les voleurs et les haineux, les dégradés et les humiliés. Les premiers, en qui toute idée de responsabilité a été tuée, ne cherchent qu'à recevoir, sans rien faire. Les autres, en qui la dignité est blessée, enragent d'être obligés de tendre la main. C'est là aussi une grande plaie sociale, que les bureaux de bienfaisance et d'autres œuvres *similis farinæ* ne font qu'envenimer. Laissez ces deux classes d'ulcérés se multiplier par l'inintelligence de ceux qui prétendent leur venir en aide, et vous les verrez bondir au seul bruit des revendications sociales, et assouvir leur soif de vol et de vengeance. Il serait si facile de guérir ces plaies ! Si les sommes qui vont s'engouffrer dans ces ulcères, pour les exaspérer, étaient appliquées comme de vrais remèdes !... Et comment ? — Je l'ai dit, faites gagner par le pauvre ce qu'il est obligé de recevoir : aliments, vêtements, entretien, remèdes, argent, etc.

Mais comment arriver à le faire gagner ? Quand on le veut, on trouve toujours le moyen ; la vraie charité est ingénieuse, et elle a mille recettes, mille inventions que ne connaissent pas les institutions bureaucratiques (pardon, mon Dieu, d'associer ces deux mots) n'entendant rien à cela. Il est certain que, pour cela, il faut un grand dévouement personnel, une vraie intelligence des devoirs sociaux, et une invincible constance à ne jamais se rebuter à la vue des ulcères de l'âme. La charité, ainsi armée, n'est jamais à court. Il lui est réservé une large place dans le travail de reconstruction sociale, s'il doit aboutir. Oh ! j'adjure la charité chrétienne de comprendre son rôle [1] !

On le voit, la conception charitable revêt dans l'idée démocratique une forme spéciale, et la différence vient, on le voit aussi, de ce que les démocrates ont un plus grand souci de la dignité humaine et de la légitime susceptibilité de leurs frères malheureux,

N'est-ce pas là un progrès ?

*
* *

Il en est de même au point de vue du gouvernement. Là encore, les méthodes de la démo-

---

1. *A reculons*, p. 62.

cratie doivent différer des méthodes employées
par la monarchie pure ou l'autocratie. Comme l'a
très bien dit G. Fonsegrive[1], « dans une démocratie le commandement sort d'abord du peuple
sous la forme de l'élection, puis redescend sous
la forme de la loi. C'est ainsi le peuple qui se
commande à lui-même, et ce circuit constitue ce
que les philosophes appellent une autonomie ».

Remarquons — la chose est importante —
qu'il serait faux de voir là une affirmation de la
souveraineté du peuple envisagée d'une manière
absolue, à la façon de Rousseau, des convention-
nels ou de certains constituants. Sans doute le
peuple nomme les législateurs, et les législateurs
font la loi ; mais ceux-ci et ceux-là doivent être
dirigés, dans l'accomplissement de leur œuvre,
par des principes supérieurs que le droit naturel
et le droit révélé imposent au jugement de leur
conscience, et qui enlèvent au choix du peuple et
au travail des législateurs le caractère d'un fait
résultant d'un caprice, ou d'un acte arbitraire de
la volonté.

Après cette explication, apparaît nettement,
ce nous semble, la haute portée morale, sociale
et chrétienne d'une forme de gouvernement qui
réclame l'obéissance, non en s'appuyant sur la
force brutale, mais en faisant intervenir la cons-

1. Cf. *La Quinzaine*, 16 juin 1897 : Les idées et les
faits.

cience? Nous sommes déjà à mille lieues du césarisme, et c'est précisément le développement de l'instinct démocratique qui rendra le césarisme de moins en moins possible au milieu de nous. César pourrait peut-être encore s'imposer, mais les jours de son règne seraient bientôt comptés. Il disparaîtrait pour ne plus revenir, la conscience humaine, plus développée et d'accord en cela avec le sentiment chrétien, ne veut plus se soumettre à des lois qu'elle n'accepte pas.

Il faut renoncer à ces méthodes, dit encore M. Fonsegrive. Outre qu'elles ont quelque chose de violent qui ne s'accorde guère avec le véritable esprit chrétien, elles sont et seront de plus en plus inefficaces. Seule la persuation désormais pourra réussir. Et ne nous en plaignons pas, car la dignité de l'homme consiste précisément à ne pas être mené comme les brutes à coups de trique, mais à être dirigé par les sentiments et par la raison. C'est pour avoir traité le peuple avec trop peu de ménagement et de respect que l'ancien régime s'est perdu. L'obéissance facile des sujets a rendu les monarques insolents. Ils ont négligé d'expliquer la raison de leurs ordres et de leurs lois ; le peuple, enfin, n'a plus senti que le poids de l'autorité sans pouvoir en découvrir les raisons. Quoi d'étonnant que, sous la suggestion de meneurs habiles, il se soit insurgé et révolté ?

On ne saurait mieux dire, et si les diverses formes de gouvernement qui se sont succédé si

nombreuses chez nous, durant ce siècle, s'étaient
inspirées de ces principes, plus d'une révolution
eût été évitée.

*
* *

L'idée maîtresse, le principe générateur de la
Démocratie chrétienne pourrait peut-être se for-
muler ainsi : « L'être humain doit toujours
tendre à son intégral développement. » Principe
très noble, en ce qu'il témoigne d'un grand respect pour notre dignité ; principe très chrétien,
en ce qu'il est un hommage rendu à Dieu, par la
mise en valeur des germes que sa providence
créatrice a déposés en nous.

Faciliter à l'homme la possibilité de se délivrer
de la tyrannie du mal et de l'erreur, sans détruire
sa libre volonté et en mettant à sa disposition les
moyens propres à cette fin ; accroître le nombre
des citoyens capables de se gouverner eux-mêmes
et de prendre leur part au gouvernement de
l'Etat par l'élection et l'éligibilité, ce qui, en
augmentant leur responsabilité, grandit leur personnalité, c'est donc faire, dans ce sens, l'œuvre
de la démocratie. Quelles limites peut atteindre
ce développement de la personnalité humaine ?
A notre avis, nul ne peut le dire. Nous ne savons
qu'une chose, c'est que le progrès dans cet ordre

ne saurait procéder par à-coups. Le progrès suit une marche lente, patiente et laborieuse ; les révolutions violentes ne peuvent qu'en retarder le cours et en paralyser les effets.

Mais si on ignore jusqu'où peut aller le progrès sur ce point, il paraît évident à beaucoup que les institutions actuelles ne le favorisent pas et que le parlementarisme, tel que nous le voyons fonctionner autour de nous, ce parlementarisme qu'on a pu appeler : « une machine à faire le mal », en contrarie la marche ascensionnelle et l'empêche d'aboutir. De là cet état de gêne, de malaise, dont l'âme populaire souffre périodiquement. De là ces crises préparées par de sourds mécontentements et qui éclatent lorsqu'un homme se rencontre, digne ou indigne, mais capable d'incarner en l i les revendications de l'âme populaire. Alors la multitude se lance à la suite de cet homme, préférant abdiquer entre les mains d'un être de chair et d'os qu'entre les mains de cette abstraction qui est une assemblée parlementaire où le mal se fait comme automatiquement et sans encourir de responsabilité. C'est ce qui a fait dire que la démocratie engendrait fatalement le césarisme, affirmation qui n'est vraie qu'en apparence, les deux principes démocratique et césarien étant aux antipodes, mais qui s'explique, lorsqu'on remarque dans l'histoire que l'arrêt dans le développement démocratique a toujours été la meilleure préparation à la venue de César.

Pour bien comprendre ce que peut être, ce que doit être ce développement, il faut tenir largement compte d'un droit spécial appelé *droit historique*, et qui s'est fait une place à côté du droit naturel et du droit révélé. L'erreur de toute une école de philosophes et de sociologues a été de croire que l'on peut fonder la constitution d'un peuple uniquement sur les droits inhérents à la nature humaine, ce qui tendrait à ne reconnaître qu'une seule forme d'organisation sociale, la nature humaine étant semblable à elle-même, au moins quant à ses facultés essentielles, dans tous les siècles, dans tous les milieux, sous tous les climats.

Il y a, cependant, d'autres éléments dont il faut tenir compte, pour accommoder une constitution sociale avec le tempérament, les aspirations et les traditions d'un pays.

Outre le *droit historique*, c'est-à-dire « l'ensemble des droits acquis au cours du temps et sous l'action des circonstances », il y a encore la *loi des évolutions*, d'après laquelle chaque société se développe conformément à son type, et ne se transforme que suivant les transformations que ce type a éprouvées. Ainsi la démocratie moderne ne peut avoir les mêmes allures que la démocratie ou la prétendue démocratie des anciens. Le Christianisme a créé un type nouveau et a changé la loi d'évolution, tandis que, d'autre part, un nouveau droit historique

est né, conséquence de la parole du Maître :
Pauperes evangelizantur : Les pauvres sont
évangélisés. Ce courant né au pied de la croix du
Calvaire, et qui a traversé les âges, se dérobant
parfois au regard, mais ne se perdant jamais et
grossissant ses eaux chaque jour, ce courant qui
emporte les pauvres et les petits, semble prendre, à l'aurore du siècle vingtième, une nouvelle profondeur et se précipiter avec un élan
que l'on ne brisera pas. Au milieu des injustices de droit ou de fait que l'on peut légitimement
reprocher à notre société, il est très conso-
lant de constater ces efforts ardents et généreux
en faveur de ceux qui sont moins armés pour la
lutte et de suivre le progrès qui se réalise dans le
sens de l'égalité.

C'est la poussée démocratique qui s'affirme ;
c'est l'idée chrétienne qui se fait une place de plus
en plus large ; c'est la promesse d'un meilleur
avenir.

*
* *

Tout passe, en ce monde ; mais Celui qui a tout
fait ne passe pas ; tout concourt à son œuvre.
Malgré de contraires apparences, tôt ou tard, on
finit par reconnaître qu'il a le dernier mot dans

toutes les affaires humaines et que l'histoire travaille à le glorifier. Certains esprits, dans les révolutions qui se précipitent, et dans les évolutions qui se préparent, ne voient qu'un simple effet des lois naturelles ; ils pensent qu'il faut laisser l'œuvre se faire, les lois s'appliquer, les révolutions et les évolutions suivre leur cours.

Or les démocrates chrétiens ne sauraient voir comme ces esprits-là. Ils ont confiance en Dieu ; et ils se jettent tout entiers dans la grande bataille, espérant voir bientôt apparaître sur notre terre un idéal supérieur de vérité, de justice et de paix.

Quand on leur reproche de s'élever contre le capitalisme, ils ouvrent le testament de la Loi nouvelle et lisent dans l'Épître de saint Pierre [1] qu'il faut se tenir en garde contre les maltôtiers qui font leurs affaires à nos dépens.

Quand on les traite de fous, ils montrent les *Actes*, où il est dit comment les apôtres furent traités d'hommes ivres et saint Paul d'insensé.

Et, dans le saint labeur, ils poursuivent leur route, apportant leur part d'effort pour entraîner le monde vers le but souverain : le Seigneur notre Dieu ; réservant du passé tout ce qui peut être utile à l'œuvre grandiose, mais ne s'attachant pas à des formules mortes et regardant vers l'avenir.

1. 2 Petr., ii. 3.

*
* *

Ainsi les démocrates chrétiens continueront leur labeur et leur route.

Ils voient les iniquités criantes de notre monde ; ils ne croient pas aux justifications pharisaïques ou illusoires qui essaient de l'innocenter ; et, sans crainte, ils stigmatisent le mal.

Car ils ne veulent pas que l'avenir puisse les regarder et regarder l'Église, dont ils sont les fils dévoués, comme les complices des injustices présentes et les soutiens d'un ordre social où les petits sont écrasés, où le vol, l'usure, l'hypocrisie, le mensonge impudent et l'égoïsme odieux ont droit de cité.

Et ils disent : il faut que nous fassions, dans la mesure de nos forces, pénétrer la lumière, à travers tous les mystères d'iniquités.

Ils disent encore :

Dieu ne fait acception de personne. Il n'a pas créé deux races humaines : l'une qui opprime, l'autre qui est opprimée. Comme dans la vision de Joppé[1], où quadrupèdes, reptiles et oiseaux descendaient du ciel dans le même sac, ils croient que Dieu a mis les hommes sur le pied d'une éga-

---

[1]. Act., x.

lité originelle qui repousse toutes les oppressions.

Ils disent encore :

L'heure est arrivée, où le peuple, longtemps tenu à l'écart, peut enfin relever la tête et, dans l'égalité sainte, prendre résolument sa place au grand air de la liberté.

Ils pensent que les simples et les petits peuvent aider au salut. Et leur conviction s'accroît, lorsqu'ils se rappellent que Jésus, fils de roi, s'est fait peuple ; que les apôtres étaient peuple ; et que saint Paul, le patricien aux mains fines, imitant son Maître, s'est agrégé au peuple, a travaillé durement, a fait des tentes : comme s'il fallait, de toute nécessité, passer par le peuple pour être un instrument d'apostolat et servir ainsi la grande cause de l'amour, de la vérité, de la justice et de la liberté.

LAUDETUR JESUS CHRISTUS !

TABLE DES MATIÈRES

CHAPITRE I

LES TEMPS NOUVEAUX

CHAPITRE II

LA DÉMOCRATIE CHRÉTIENNE

CHAPITRE III

LE BUT DE LA DÉMOCRATIE CHRÉTIENNE

CHAPITRE IV

LA TACTIQUE DE LA DÉMOCRATIE CHRÉTIENNE

CHAPITRE V

LE PROGRAMME

CHAPITRE VI

LA DÉMOCRATIE CHRÉTIENNE A TRAVERS LES AGES

CHAPITRE VII

LA DÉMOCRATIE CHRÉTIENNE ET LES CONSERVATEURS. — L'ŒUVRE DES CERCLES CATHOLIQUES

CHAPITRE VIII

LA DÉMOCRATIE CHRÉTIENNE ET LES RÉFRACTAIRES

CHAPITRE IX

LA CAMPAGNE ANTIDÉMOCRATIQUE

CHAPITRE X

SOCIALISTES ET DÉMOCRATES CHRÉTIENS

CHAPITRE XI

LES « CLASSES DIRIGEANTES »

CHAPITRE XV

L'ÉGALITÉ DANS LA DÉMOCRATIE CHRÉTIENNE

CHAPITRE XVI

L'ASCENSION DU PEUPLE

CHAPITRE XVII

LA LIBERTÉ DANS LA DÉMOCRATIE

CHAPITRE XVIII

LA DÉMOCRATIE ET LE PROGRÈS

LIGUGÉ (Vienne)
IMPRIMERIE MARCEL BLUTÉ

9 782329 574363